Quick-Patchwork

Originelle Ideen zum schnellen Nähen

Ina Sachtleben

Quick-Patchwork

Originelle Ideen zum schnellen Nähen

ENGLISCH VERLAG

Die Deutsche Bibliothek – CIP-Einheitsaufnahme
Quick-Patchwork: originelle Ideen zum schnellen Nähen/Ina Sachtleben. – Wiesbaden: Englisch, 1996
ISBN 3-8241-0670-1

© by F. Englisch GmbH & Co Verlags-KG, Wiesbaden 1996
ISBN 3-8241-0670-1
Fotos Axel Weber
Printed in Spain

Inhaltsverzeichnis

Vorwort

Als ich gebeten wurde, dieses Buch zu schreiben, habe ich mir überlegt, wie ich wohl dem Titel „Quick-Patchwork" am besten gerecht werden könnte. Damit Sie nicht Jahr um Jahr an einer Arbeit nähen, habe ich viele kleinere Patchworkarbeiten zusammengetragen, die Sie leicht und mit geringem Zeitaufwand nacharbeiten können. Die Mustergestaltung steigert sich in der Schwierigkeit mit Ihrem zunehmenden Können, denn ich möchte Freude und Begeisterung für dieses Kunsthandwerk wecken und den Anfängern eine Enttäuschung ersparen. Der Weg führt über das Arbeiten mit Schablonen bis hin zu arbeitserleichternden und zeitsparenden Methoden, kleine Kunstwerke im Patchwork zu erstellen.

Die einzelnen Anleitungen geben Einblicke in die Geschichte der traditionellen Muster und erklären die Formen der sich anschließenden Patchworkteile. Sie erfahren, welche Materialien Sie benötigen, um ans gewünschte Ziel zu gelangen, wie die erforderlichen Stoffteile zugeschnitten und in welcher Reihenfolge sie zusammengenäht werden müssen.

Patchwork ist keine Hexerei, und so werden alle wichtigen Arbeitseinheiten Schritt-für-Schritt von Zeichnungen begleitet, die selbst schwierige Detailfragen klären und einen reibungslosen Ablauf des Nachnähens ermöglichen. In Variationen zu den beschriebenen Arbeitsanleitungen möchte ich Ihnen zeigen, welche unerschöpflichen Möglichkeiten Ihnen mit einem Muster offenstehen. Mein Wunsch ist, daß Sie selbst erfinderisch werden und Spaß daran finden, mit den erlernten Techniken zu experimentieren.

Ich wünsche Ihnen viel Freude beim Patchwork und gutes Gelingen!

Doch erlauben Sie mir noch ein Wort des Dankes an die Menschen, die mit Rat und Tat an der Entstehung dieses Buches beteiligt waren.

Mein besonderer Dank gilt Heike Homann, war sie es doch, die mich in die Kunst des Patchworks eingeführt und mir die ersten Schritte beigebracht hat; meinem Mann und unseren Freunden und nicht zuletzt Bärbel Rosenbaum, die mit viel Einsatz und Zeitaufwand aus meinen handschriftlichen Skizzen die Computergraphiken erstellt hat.

Allen ein herzliches Dankeschön!

Ina Sachtleben

Einleitung

Flickwerk, denn nichts anderes bedeutet das englische Wort „Patchwork", findet sich bereits in den Märchen des 18. Jahrhunderts, und wie man dort lesen kann, lassen sich nicht nur Stoffe zu Flickwerk verarbeiten, sondern auch Felle. Stoffe aber waren es, die Patchwork zu einer eigenständigen Kunstform der Textilgestaltung werden ließen, die sich zunehmender Beliebtheit erfreut.

Was macht einen Quilt überhaupt aus?

Ein Quilt ist eine Steppdecke, die aus drei Teilen besteht, einer mit kunstvollen Mustern gestalteten Patchwork-Oberseite (diese Patchworkoberseite wird der Einfachheit halber im folgenden mit „Top" bezeichnet), einer Füllung und einer Rückseite. Die drei Lagen wurden durch kleine Steppstiche (engl.: to quilt = steppen) miteinander verbunden, damit die Lebensdauer bei täglichem Gebrauch erhöht wurde. Schon sehr bald bemerkten die Frauen, daß das Praktische mit dem Schönen zu verbinden war. Die Quiltstiche verhinderten nicht nur ein Verrutschen der Lagen, sondern verzierten die Oberfläche gleichzeitig. Die präzisen Kurvenlinien der Quiltmuster stellen schon von jeher ein Schaustück für die Handfertigkeit der Näherin dar. Meistens wurden die zu quiltenden Muster auf den Stoff mit Schablonen aufgezeichnet, so daß die kleinen Stiche bspw. Körbe, Girlanden, Blätter oder Zweige umrissen.

Jedes der bekannten Patchworkmuster, das traditionell aus einzelnen Blöcken aufgebaut ist, läßt sich in eine Grundeinteilung auflösen, mit deren Hilfe das Nähen erleichtert wird.

Die Kategorien richten sich nach der Anzahl Quadrate in einem Block. Man spricht von einem „Vierer-Block", wenn der Block in vier Quadrate und seine Vielfachen aufgeteilt werden kann (Abb. I, II, III).

Ein „Dreier-Block" hat ein Raster von 3 x 3 gleichen Quadraten, die natürlich auch zu einem Vielfachen erweitert werden können. Ein „Fünfer-Block" weist, wie der Name

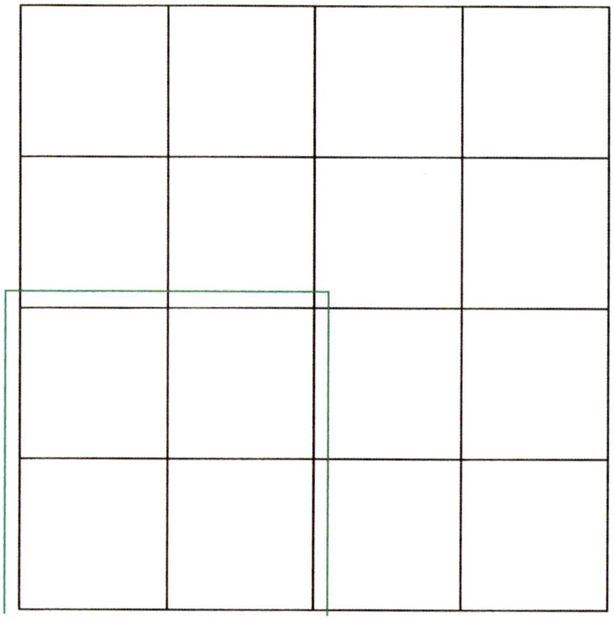

Abb. II

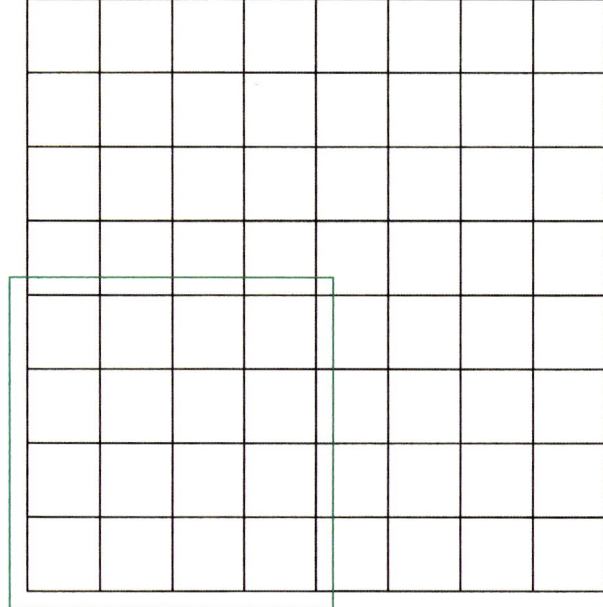

Abb. III

Abb. I

verdeutlicht, eine Einteilung mit fünf Quadraten auf. Eine weitere Grundform dieser Kategorie ist der „Siebener-Block".

Zu den damals wie heute stets beliebten und vielseitigen Formen gehören auch solche, die ein Quadrat im Zentrum des Blocks haben, „Log Cabin".

Sechseckige Muster, z.B. „Grandmother's Flower Garden", „Baby Blocks" oder „Inner City" sind ebenso überliefert, wie die etwas anspruchsvolleren Achteckigen Sterne oder die unzähligen Rund-Muster, bei deren Erwähnung man gleich an „Drunkard's Path", „Dresden Plate" oder „Wedding Rings" denkt. Die amerikanischen Namen jedes dieser Muster spiegeln die historischen, sozialen oder gesellschaftlichen Ereignisse der damaligen Lebensumstände wieder und sind in den folgenden Anleitungen auch wiederzufinden.

Waren Quilts in der Tradition der Siedlerfrauen wärmende Bettdecken aus Stoffresten, ist heute daraus geradezu ein Kunsthandwerk geworden, das einen unausschöpflichen Reichtum an Variations- und Gestaltungsmöglichkeiten bietet. Heute sind Patchworkarbeiten nicht mehr aus der Wohndekoration wegzudenken. Der wärmende Quilt kann heute auch eine aparte Tagesdecke, eine Krabbeldecke oder ein textiler Wandschmuck sein – ein Blickfang, der begeistert!

Ganz gleich, ob Sie die traditionellen Muster nachnähen, umgestalten oder sich an neue Formen und die dazugehörigen Herstellungsarten wagen, Sie werden immer ein individuelles Werk schaffen, das in Ihrer Stoffwahl, Farb- und Formgebung ein unverwechselbares Einzelstück bleibt.

Materialien und Handwerkszeug

Wie verfahren Sie mit Blusen und Oberhemden, die nicht mehr tragbar sind?

Wußten Sie, daß es wahre Meisterstücke von Quilts gibt, die ausschließlich aus Resten alter Oberhemden bestehen? Baumwollstoffe sind gut zu verarbeiten und leicht zu pflegen, was vor allem für Gebrauchsgegenstände aus Stoff von Vorteil ist.

Kaufhäuser und spezialisierte Fachgeschäfte bieten in zunehmendem Maße auch spezielle Patchworkstoffe aus Baumwolle an. Bei diesen Stoffen sind einfarbige und gemusterte Gewebe eines Herstellers farblich gut aufeinander abgestimmt.

Baumwollstoffe sind im allgemeinen ausgerüstet, das heißt, die Faser hat eine, in der Regel chemische Behandlung erfahren, die z.B. die Knitterneigung verringert, die Schmutzabweisung erhöht oder dem Gewebe mehr Steifigkeit verleiht. So wird beim Vorgang der Mercerisierung der Baumwollfaden vor dem Weben mit Natronlauge behandelt. Dadurch erhält das Gewebe einen seidigen Glanz, der auch nach dem Waschen nicht verblaßt. Baumwollchintz dagegen wird nach dem Weben der Faser in der Regel mit Kunstharzen behandelt und anschließend kalandriert (unter Druck gewalzt). Das so behandelte Gewebe erhält, verglichen mit unbehandelten Stoffen, ebenso Glanz wie zusätzliche Steifigkeit. Um diese Eigenschaften zu erhalten, darf gechintze Baumwolle nur bei niedrigen Temperaturen gewaschen werden.

Gut geeignet für Patchworkarbeiten sind auch Seide, Satin und leichte Wollstoffe. Vor allem Doupion-Seide, die Ver-

dickungen in den Schußfäden und einen herrlichen Glanz hat, ist ein wunderbares Material. Macht man sich diese charakteristische Struktur in einem Quilt zunutze, lassen sich aus geschickter Kombination von Fadenlauf und Farbe phantastische Effekte erzielen.

TIP:
Fragen Sie Raumausstatter nach nicht mehr aktuellen Stoffmusterbüchern. Sie stellen für versierte Patchworkerinnen eine Fundgrube an Muster und Farben dar.

Verwenden Sie nach Möglichkeit für Gebrauchsgegenstände nur Baumwolle oder Baumwollmischgewebe mit hohem Baumwollanteil in einem Werk, denn Sie sollten die Möglichkeiten der Reinigung vorab gut in Betracht ziehen. Unter diesem Aspekt sind die genannten Textilien die am besten geeigneten Materialien für z.B. Tischdecken und -sets, Taschen oder Tiere.

Für Wandbehänge lassen sich durch Kombination verschiedener Textilarten (z.B. Seide und Wolle) effektvoll Kunstwerke erstellen.

Vor der Verarbeitung sollten die Stoffe gewaschen sein, insbesondere dann, wenn Sie daraus Gebrauchsgegenstände fertigen wollen. Stoffe haben gelegentlich die unangenehme Eigenschaft, sich bei der ersten Wäsche zu verziehen. Bei dem ersten Waschgang vor der Verarbeitung läßt sich zudem feststellen, wie farbecht Ihr Stoff ist. Ist dies der Fall, kann ein Schuß Essig oftmals bei der Fixierung der Farben helfen.

Doch leider darf man von diesem Tip auch keine allzu großen Wunder erwarten. Färbt Ihr Stoff dennoch aus, sollten Sie besser auf den Einsatz beim Patchwork verzichten, denn das Auslaufen wird nicht an der Nahtstelle zum nächsten Stoff haltmachen. Ersparen Sie sich die Enttäuschung!
Es mag eine gewisse Rechtfertigung haben, für Wandquilts nicht vorgewaschene Stoffe zu verwenden. Die Appretur neuer Stoffe hat einen schmutz- und staubabweisenden Effekt. Lassen Sie aber zur Vorsicht solche Teile auf jeden Fall reinigen. Natürlich gilt dies auch für Quilts, die Sie aus unterschiedlichen Materialien hergestellt haben. Ich selbst verzichte bei Baumwollstoffen niemals, ganz gleich für welche Art von Patchwork, auf das Vorwaschen meiner Stoffe. Anschließend vergessen Sie bitte das Bügeln nicht und legen die Stoffe exakt aufeinander, damit Sie mühelos jegliche Formen ausschneiden können. Die Webkanten an den Stoffen schneiden Sie bitte ab und verwenden sie nicht in Ihren Werken.
Der Wahl der Farben für Ihr Kunstwerk sind keine Grenzen gesetzt. Kombinieren Sie Farben und Muster nach eigenem Geschmack, denn es ist Ihre ganz persönliche Patchworkarbeit. Haben Sie Mut zum Experiment. Anregungen können Sie sich bei einer großen Lehrmeisterin in der Komposition von Farben, der Natur selbst, holen.
Orientierungsmöglichkeiten für die Farbgestaltung bieten auch Farbenlehren, z.B. von Johannes Itten. Hier sind die Farben in einem Kreis nach definierten Gesetzmäßigkeiten angeordnet. Sie lassen sich zu Zwei-, Drei- oder Vierklängen zusammenstellen, je nachdem, mit welcher geometrischen Figur (Linie, Dreieck oder Viereck) die entsprechende Anzahl der Farben im Farbkreis verbunden werden kann.
Denken Sie auch daran, daß die Wirkung vieler Quilts auf einem Hell-Dunkel-Kontrast beruht. Die dreidimensionalen Effekte von z.B. „Baby-Blocks" lassen sich auf eine gezielte Anwendung von stark kontrastierenden Stoffen zurückführen. Es macht einen großen Unterschied, ob ein Muster mit hellen Stoffen auf einen dunklen Hintergrund oder ein dunkel gehaltenes Muster vor hellem Hintergrundstoff gearbeitet wurde. Im ersten Fall scheint das Muster aus dem Untergrund hervorzutreten, im zweiten Fall erscheint es zurückgesetzt.

TIP:
Wenn Sie sich über die Farbgebung Ihrer Patchworkarbeit im Unklaren sind, erstellen Sie einen farbigen Entwurf mit Buntstiften auf Papier. Für Hell-Dunkel-Effekte verringern oder erhöhen Sie den Druck auf den Buntstift. Legen Sie ihn einige Zeit zur Seite. Findet er mit Abstand betrachtet noch immer Ihre Zustimmung, übertragen Sie den Entwurf auf die Stoffe.

Versuchen Sie Ihre Stoffe innerhalb einer Farbfamilie von Hell nach Dunkel zu sortieren, und stellen Sie eine Stoffpalette mit uni und gemusterten Stoffen zusammen. Jeder neu erworbene Stoff wird dort eingepaßt. Sind Sie sich bezüglich der Farbwertigkeit eines Stoffes in der Palette nicht sicher, betrachten Sie die Reihe der Stoffe durch ein umgekehrtes Fernglas. Das schafft die nötige Entfernung und Sie sehen gleich, welcher Stoff in der Farbfolge herausspringt und falsch liegt.
Sehr schöne, aber diffuse Farbeffekte erzielen Sie, wenn Sie für eine Arbeit ausschließlich klein gemusterte Stoffe verwenden (Colour-Wash-Quilts). Die Auswahl der passenden Gewebe ist vielleicht aufwendig, doch wird die Mühe reich belohnt, wenn man zu guter Letzt eine wunderbare Farbkomposition vor sich hat.
Die Wirkung aller Patchworkarbeiten beruht nicht zuletzt auf einer sauberen Nähtechnik. Es ist nämlich nicht so einfach, vor allem über längere Distanzen exakte Nähte zu nähen, denn Abweichungen von einigen „mm" machen sich irreparabel im Gesamteindruck bemerkbar.
Hier bietet das Rasterquick eine enorme Unterstützung und Hilfe (Abb. IV). Das Rasterquick ist ein dünnes Vlies, auf das ein quadratisches oder dreieckiges Raster aufgedruckt ist, vergleichbar mit Millimeter- oder Isometriepapier. Auf dieses Vlies werden die Stoffe entlang der Rasterlinien aufgenäht. Damit haben Sie eine Orientierungshilfe und können sicher sein, daß Ihre Nähte gerade sind. Gleichzeitig wird die linke Seite mit dem Vlies abgedeckt und somit in einem Arbeitsgang versäubert. Sie werden die Anwendung des Rasterquicks in den entsprechenden Anleitungen kennenlernen.
So großartig dieses Vlies auch ist, das Quilten wird sehr erschwert, da die Arbeit deutlich fester wird.
Für Ihre Quilts benötigen Sie als Zwischenlage ein Füllvlies. Solche Vliese gibt es in unterschiedlicher Dicke und aus verschiedenen Materialien käuflich zu erwerben. Die Wahl des Vlies hängt wesentlich vom Verwendungszweck ab.
Steife Einlagen sind für Wandbehänge besser geeignet als z.B. für Decken. Naturfasern sind atmungsaktiver als Kunstfasern und zum maschinellen Quilten eignen sich besonders dünne Vliese aus Polyester, denn sie verrutschen kaum. Zum Ausstopfen z.B. von Nadelkissen verwenden Sie Polyesterwatte, die bauschfähig, formbeständig und waschbar ist.
Stoffe und Vliese sind wichtige Elemente beim Patchwork, doch ohne das entsprechende Werkzeug entsteht kein Quilt.

Abb. IV

Abb. V

Was wird benötigt?

Schneidmatte
– ideale Schneidunterlage mit Raster-, Zentimeter- und Winkeleinteilungen, zum Schutz Ihres Tisches und zur Verlängerung der Lebensdauer des Rollschneiders (Abb. V).

Rollschneider
– dieses Rollmesser ermöglicht millimetergenaues Zuschneiden von einer oder mehreren Lagen Stoff, ganz gleich ob gerade Streifen oder Kurven (Abb. V).

Omnigrid-Lineal, 15 x 60 cm
– das Schneidlineal ist für das Schneiden mit dem Rollmesser geeignet und verfügt über eine gelbe Zentimetereinteilung, die sowohl auf hellen, als auch auf dunklen Stoffen sichtbar ist (Abb. V).

Lineal, 15 x 15 cm
– das Quadrat-Lineal ermöglicht das akkurate Schneiden zusammengesetzter Stoffstreifen zu Quadraten; die 45° – Markierung ist überaus nützlich bei diagonal geteilten Formen.

Bias-Square-Lineal, 20 x 20 cm
– dieses Quadrat dient dem akkuraten Schneiden zusammengenähter Schrägstreifen zu Quadraten (Schnellnähmethode) (Abb. V).

Scheren + Nahttrenner
– scharfe Stoffschere, Zick-Zack-Schere, kleine Fadenschere, Papierschere.

Nadeln
– Stecknadeln, Nähnadeln zum Heften, Nähen und Quilten, Sicherheitsnadeln.

Maßband

Kreidestifte

Fingerhut
– aus Metall oder Leder

Garne
– Baumwollgarn und Quiltgarn (ihre Farben richten sich nach der Stoffwahl), Reihgarn.

Quilt- oder Stickrahmen
– er ist nicht unbedingt erforderlich, aber bei Applikations- und Quiltarbeiten sehr hilfreich, da der zu bearbeitende Stoff fest gespannt bleibt.

Bügeleisen
– es ist ein unerläßliches Werkzeug und sollte direkt neben der Nähmaschine stehen, damit Sie nicht zum Bügeln jeder Naht Ihren Arbeitsplatz verlassen müssen.

Nähmaschine
– sie sollte über verschieden lang einstellbare Geradstiche, Zick-Zack-Stiche sowie über einen Rückstich verfügen. Hilfreich sind doppelter Stofftransport, Führungslineal, das am Fuß zu montieren ist, Reißverschlußfuß.

Für die Arbeit mit Schablonen benötigen Sie:

Millimeterpapier
– für das Aufzeichnen der Muster, die dann auf Karton geklebt werden.

Isometriepapier
s. o.

Kariertes Papier
– für Entwürfe.

Geodreieck

Bleistift und Buntstifte

Radiergummi

Karton mittlerer Stärke
– zum Herstellen der Schablonen.

Klebstoff
– das Millimeterpapier muß auf den Karton gebracht werden.

Schmirgelpapier
– damit der Stoff beim Zuschneiden nicht verrutscht.

eventuell einen Ordner + Briefumschläge
– für Entwürfe und Schablonen, denn gute Ideen dürfen nicht verlorengehen!

Nun haben Sie alles Wissenswerte und Notwendige erfahren, um mit Patchwork beginnen zu können.

Mit den folgenden Anleitungen möchte ich Ihnen anhand unterschiedlichster Techniken Anregungen geben, Sie ermutigen mit Stoffen und Farben zu spielen und Muster auszuprobieren sowie Ihnen ein Stück Begeisterung vermitteln, die eine Patchworkerin zu immer neuen Quilts treibt.

Ich wünsche Ihnen viel Spaß und gutes Gelingen!

Kleine Kostbarkeiten und Geschenke

1. Duftkissen mit Spitze

(Fertigmaß 12 x 12 cm)

An diesem Duftkissen, das mit Lavendel gefüllt ist, soll das klassische Arbeiten mit Schablonen verdeutlicht werden. Schablonen sind die Grundformen, mit deren Hilfe man Stoffteile markiert und ausschneidet. Man kann sie leicht selbst herstellen und somit alle Formen im Patchwork, einschließlich komplizierter Muster, auf Stoff übertragen. Die Schablonen müssen absolut akkurat, mit dünner Bleistiftlinie gezeichnet und anschließend ausgeschnitten werden, da sich sonst entstandene Ungenauigkeiten beim Ausschneiden und späterem Nähen fortsetzen. An einem einfachen Beispiel soll dies verdeutlicht werden.

Was wird benötigt?

a) – Millimeter- oder Zeichenpapier,
 – Karton,
 – Klebstoff,
 – Papier- und Stoffschere,
 – Bleistift und Schneiderkreide,
 – Geodreieck,
b) – Baumwollstoffe (14 x 14 cm),
 – Spitze (18 cm),
 – Satinband,
 – Lavendel.

Zuschneiden:

a) Schablonen:

Man zeichnet sich mit gespitztem Bleistift auf Millimeterpapier drei rechtwinklige Dreiecke, die zusammengesetzt ein Quadrat mit einer Seitenlänge von 12 cm ergeben. Um die quadratische Form zu erreichen, müssen zwei der Dreiecke gleichgroß sein, das dritte muß die doppelte Größe der beiden anderen haben. Die Dreiecke werden ausgeschnitten, auf Karton mittlerer Stärke geklebt und erneut sauber ausgeschnitten. Hat man kein Millimeterpapier zur Hand, muß man bei der Zeichnung des Dreieckes genau darauf achten, daß ein Winkel exakt 90°, die beiden anderen exakt 45° betragen.

b) Stoffteile:

Legen Sie ein Blatt Schmirgelpapier vor sich auf den Tisch, auf das Sie nun Ihren Stoff mit seiner rechten Seite legen. Plazieren Sie eine Schablone auf den Stoff, so daß der rechte Winkel parallel zum Fadenlauf im Stoff verläuft, zeichnen Sie die Linien nach und fügen Sie zusätzlich einen Saum von 1 cm Nahtzugabe entlang der Außenlinien des Dreieckes auf den gewählten Stoff an (Abb. 1.1). Jetzt können Sie die Figur an der Saumlinie ausschneiden. Benötigen Sie mehrere Dreiecke des gleichen Stoffes, zeichnen Sie sie ähnlich einem Puzzle dicht nebeneinander auf den Stoff.

– Rückseite für das Duftkissen

Für die Rückseite des Duftkissens schneiden Sie ein Quadrat von 12 cm Kantenlänge + 1 cm Nahtzugabe entlang der Außenkanten aus dem Stoff.

– Schneiden Sie 18 cm Spitze zu, die zur Verzierung dient.

TIP:

Legen Sie sich eine „Restekiste" an, in die alle entstandenen Reststücke aufgenommen werden können. Sie ist ein Muß und eine Fundgrube für jede Patchworkerin.

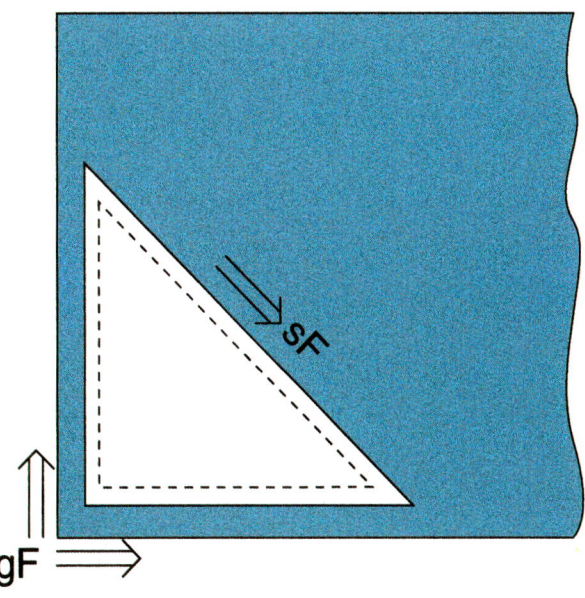

Abb. 1.1

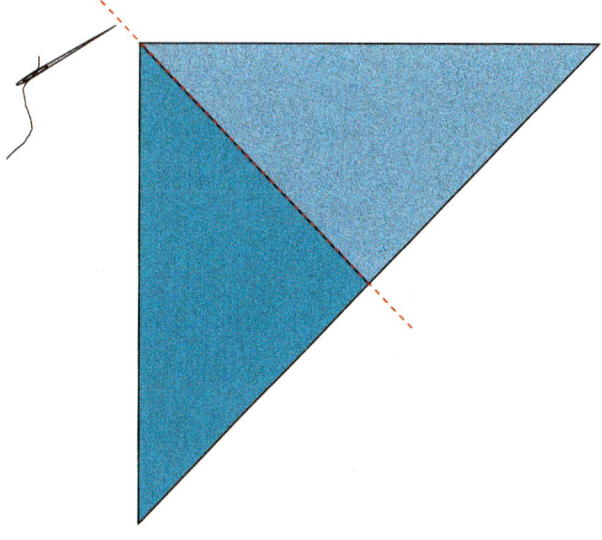

Abb. 1.2

Abb. 1.3

die zugeschnittene Rückseite und nähen, unter Berücksichtigung einer Füllöffnung, mit 1 cm Nahtzugabe beide Teile rundherum zusammen.

Fertigstellung:

Das Duftkissen wird durch die Öffnung gewendet und mit Lavendel gefüllt. Der Saum der Öffnung wird nach innen gelegt und mit feinen Stichen per Hand geschlossen. Zusätzlich können Sie auch ein Satinband als Aufhängung einnähen.

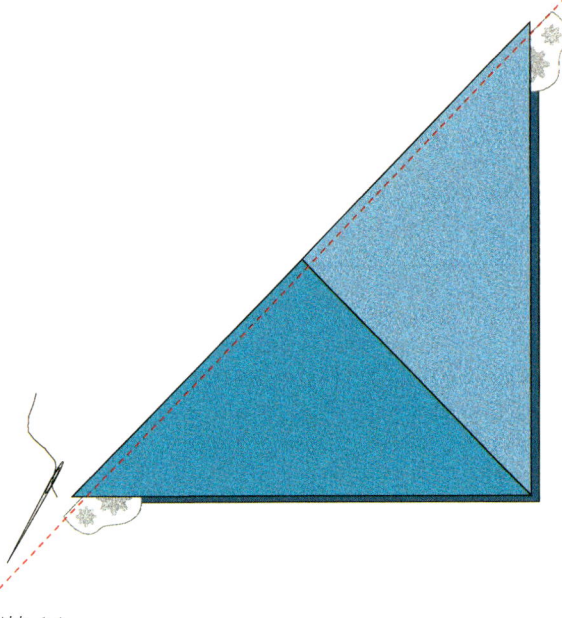

Abb. 1.4

So wird's gemacht:

Haben Sie die Dreiecke in den gewünschten Stoffen vor sich liegen, nähen Sie die Teile 1 und 2 entlang der Saumlinie zusammen (Abb. 1.2) und bügeln die Naht auseinander. Sie haben nun zwei gleichgroße Dreiecke und eine 18 cm lange Spitze, die im nächsten Arbeitsschritt zusammengefügt werden (Abb. 1.3). Legen Sie die Dreiecke rechts auf rechts aufeinander; die Spitze wird mit der geraden Seite dazwischen gelegt (Abb. 1.4) und festgesteckt. Jetzt nähen Sie entlang der Saumlinie auf dem Stoff, bügeln die Naht auseinander, legen das fertige Quadrat rechts auf rechts auf

2. Nadelkissen

(13 x 13 cm)

Jeder Patchworker muß Nadeln aller Art in greifbarer Nähe haben. Damit Sie bald zu einem nützlichen Nadelkissen kommen, greifen Sie schnell zu Nadel und Faden.

Was wird benötigt?

– Schablone (5,5 x 7,5 cm), aus Pappe ausschneiden (beinhaltet schon Nahtzugabe!),
– Baumwollstoffreste,
– Bastelwatte,
– Baumwollstoff für die Rückseite (14 x 14 cm),
– evtl. Satinband.

Zuschneiden:

Legen Sie die Schablone parallel zum Fadenlauf auf den Stoff. Die Form wird markiert und aus dem Stoff ausgeschnitten. Für diese Nadelkissen werden unterschiedlich gemusterte

Baumwollstoffe verwendet, die jedoch zu zwei Farbfamilien (bsw. Rot und Blau) zuzuordnen sind. Für ein Kissen angegebener Größe benötigen Sie 15 Stoffstückchen.

TIP: *Schauen Sie in Ihre Restekiste!*

So wird's gemacht:

Die Stoffstücke in die gewünschte Anordnung bringen, so daß drei Reihen gebildet werden. Nun werden jeweils fünf Teile einer Reihe rechts auf rechts füßchenbreit zusammengenäht (Abb. 2.1). Bügeln Sie die Nähte zu einer Seite hin. Sind die Reihen fertiggestellt, nähen Sie oben und unten an die mittlere Reihe je eine Reihe rechts auf rechts an. Die Nähte auch hier zu einer Seite hin bügeln.

Fertigstellung:

Legen Sie die fertiggestellte Oberseite (Abb. 2.2) rechts auf

rechts auf die Rückseite und stecken Sie sie fest. An einer Seite markieren Sie in der Mitte eine ca. 4 cm große Öffnung. Die beiden zusammengesteckten Teile nähen Sie füßchenbreit, mit Ausnahme der Öffnung, ringsherum zu. Der Saum der Öffnung wird nach innen gelegt und gebügelt. Füllen Sie Ihr Nadelkissen fest mit Bastelwatte, und nähen Sie die Öffnung mit ein paar feinen Stichen per Hand zu.
Stecken Sie vor dem Zunähen die Enden einer Satinbandschlaufe von innen an einer Seite der Öffnung fest und nähen diese beim Schließen der Öffnung mit an. So hat Ihre Neuerrungenschaft ihren festen Platz an der Nähmaschine!

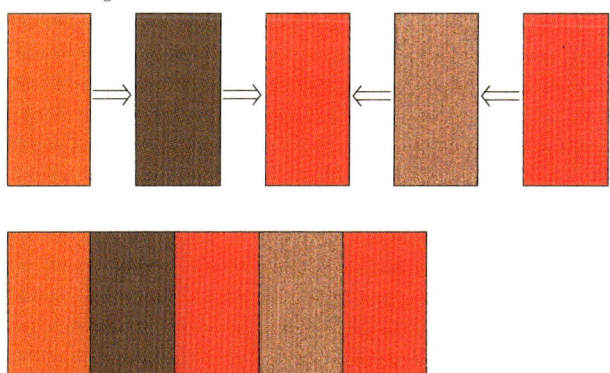

Abb. 2.1

Abb. 2.2

3. Stiftemäppchen

(Fertigmaß 28 x 15 cm)

Dieses Mäppchen ist ideal zur Aufbewahrung von Stiften und anderem Schreibgerät oder auch zur Mitnahme Ihrer Nähutensilien zu Kursen oder auf Reisen hervorragend geeignet.

Was wird benötigt?

Je nach Belieben 5 oder 6 verschiedenfarbige oder gemusterte Baumwollstoffe von festerer Qualität, Reißverschluß 25 cm lang.

Zuschneiden: (Maße beinhalten Nahtzugaben!)

Von drei der sechs Stoffe schneiden Sie je zwei Streifen à 5 x 30 cm zu. Von einem weiteren Stoff, der den oberen Abschluß bilden soll, schneiden Sie zwei Streifen à 30 x 20 cm zu.

Für die „Spitzen" schneiden Sie bei Bedarf pro Seite sieben Quadrate mit einer Seitenlänge von 8 cm zu. Wählen Sie die Stoffe so aus, daß sich die „Spitzen" von den darunterliegenden Streifen abheben.

So wird's gemacht:

Zu Beginn werden die Quadrate zu Dreiecks-„Spitzen" gefaltet (Abb. 3.1). Falten Sie das Quadrat an der Diagonalen, daß die linke Stoffseite nach innen zeigt und bügeln Sie die Kante. Das so entstandene Dreieck wird erneut gefaltet. Es entsteht ein kleineres Dreieck, an dessen Längsseite alle nicht versäuberten Kanten liegen.

In einem zweiten Arbeitsschritt markieren Sie sich die Mitte der drei schmaler zugeschnittenen Streifen und legen zwei Spitzen auf den ersten Streifen (Abb. 3.2) und stecken diese fest. Legen Sie nun den zweiten Streifen rechts auf rechts darauf, stecken ihn fest und nähen füßchenbreit eine Naht. Wenn Sie den zweiten Streifen jetzt aufklappen, sind die gefalteten Dreiecke fixiert, und Sie können die Naht zum dunkleren Streifen hin bügeln, um ein Durchscheinen der Nahtzugabe durch den helleren Stoff zu verhindern.

Nun stecken Sie die drei nächsten Spitzen, ausgehend von der Mitte, auf den 2. Streifen (Abb. 3.3), legen Ihren dritten Streifen mit der rechten Seite nach unten oben auf und verfahren wie zuvor. Klappen Sie den Streifen auf, bügeln zum

Abb. 3.2

Abb. 3.3

lang der Kanten fest und nähen Sie die, nun aufeinanderlie-genden vier Lagen (= Außen- und Futterstoff für Vorder-und Rückseite) zusammen. Achten Sie bitte darauf, daß Ih-nen keine der Lagen verrutscht. Versäubern Sie die Nahtzu-gaben mit einem Zick-Zack-Stich, und wenden Sie Ihr nun fertiggestelltes Stiftemäppchen um.

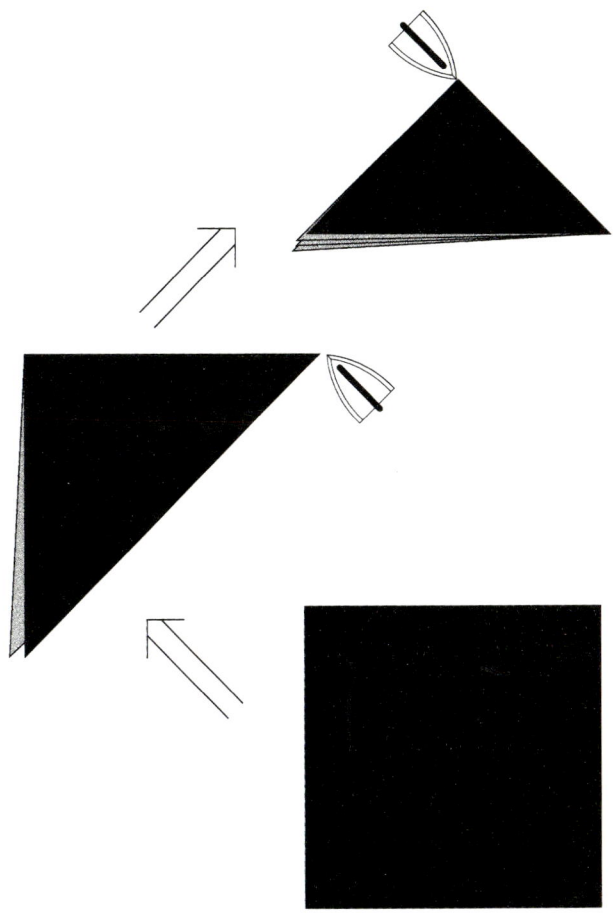

Abb. 3.1

dunkleren Stoff hin und legen die beiden letzten Spitzen an der letzten Kante an und stecken diese fest. Jetzt nehmen Sie den breit zugeschnittenen Streifen zur Hand, der gleich-zeitig den Abschlußstreifen und das Futter dieser Mäpp-chenseite bildet. Legen Sie ihn rechts auf rechts auf den un-teren Streifen, fügen ihn an und falten ihn nach 3,5 cm zur Innenseite. Bügeln Sie die gefaltete kante, und bringen Sie die Ecken des Tops und des Futters zusammen.
Wiederholen Sie alle Arbeitsschritte für die Rückseite, wo-bei es Ihnen freisteht, die Dreiecke auch dort in die Streifen einzufügen.

Fertigstellung:
Legen Sie die beiden Teile mit der rechten Seite nach oben flach auf den Tisch, so daß die gefalteten Kanten gegenein-ander stoßen und setzen Sie den Reißverschluß in der Mitte ein (Abb. 3.4). Benutzen Sie dafür möglichst einen Reißver-schlußfuß an Ihrer Nähmaschine. Nach dem Einnähen öff-nen Sie bitte den Reißverschluß zum späteren Wenden. Falten Sie jetzt die Ecken aufeinander, so daß die rechte Seite Ihres Mäppchens innenliegt. Stecken Sie die Teile ent-

Abb. 3.4

4. Lavendelkissen

(Fertigmaß 12 x 12 cm)

Das Blockhausmuster (Log Cabin) ist beim Patchwork ein Standardmuster, das von jeher beliebt ist und unzählig viele Möglichkeiten bei der Gestaltung von Quilts bietet. Der Aufbau des einzelnen Quadrates kann je nach Form und Farbwahl völlig unterschiedliche Wirkungen erzielen. Es gibt zwei zu unterscheidende Grundformen:

a) bei dieser Form wird das Quadrat diagonal geteilt, d.h. die eine Hälfte wird aus dunklen oder auch unifarbenen Stoffen, während die andere Hälfte aus hellen oder geblümten Stoffen gearbeitet wird (Abb. 4.1).

b) bei der zweiten Variation liegen sich zwei dunkle und zwei helle Dreiecke gegenüber (Abb. 4.6).

Eine Variationsmöglichkeit besteht in der in Abb. 4.11 gezeigten Form. Hier fügen sich jeweils vier Streifen der gleichen Farbe zu einer geschlossenen Runde. Das Besondere an dem Log-Cabin-Muster ist der Mittelpunkt, der auch gern als das „Auge" bezeichnet wird und um den sich die Form aufbaut. Ändert sich die Form des Mittelpunktes, z.B. zu einer Raute, so ändert sich die Form des Blockes entsprechend. Beim „Weihnachtsstern Log-Cabin" (Abb. 18) wird auf diese Form noch näher eingegangen.

Setzen Sie mehrere Blöcke einer Grundform zu einem Kissen oder Quilt zusammen, entstehen durch unterschiedliche Anordnungen faszinierende Werke. Dabei ist es wichtig, daß Sie für die Mittelpunkte einer Arbeit immer denselben Stoff verwenden.

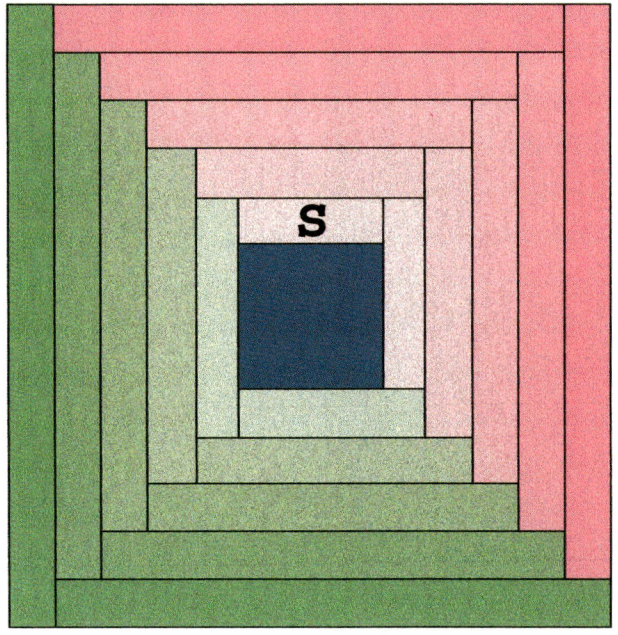

Abb. 4.1

Was wird benötigt?

– Baumwollstoffe – auch Resteverwertung möglich,
– Rasterquick,
– evtl. Satinband,
– Lavendelblüten.

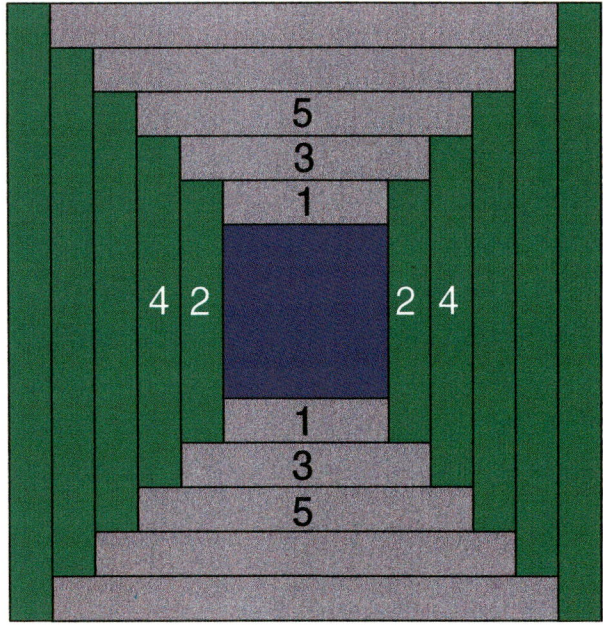

Abb. 4.6

Abb. 4.11

Zuschneiden: (Angaben beinhalten Nahtzugaben!)
– Quadrat von 14 cm Seitenlänge vom Rasterquick,
– gerade Streifen von 3 cm Breite,
– ein Mittelpunktquadrat von 6 cm Kantenlänge,
– Stoff für die Rückseite des Lavendelkissens,
– 10 cm Satinband.

So wird's gemacht:
Nähen der Grundform a):
Sie haben das 14 cm Rasterquadrat vor sich liegen und markieren rundherum einen Rand von 1 cm als Nahtzugabe, so daß eine Fläche mit 12 cm Seitenlänge bleibt, die nun mit Log Cabin ausgefüllt wird.
Zuerst schneiden Sie den Mittelpunkt von 4 cm plus 1 cm Nahtzugabe zu und legen ihn mit der rechten Seite nach oben auf die unbedruckte Seite des Rastervlies. Nun legen

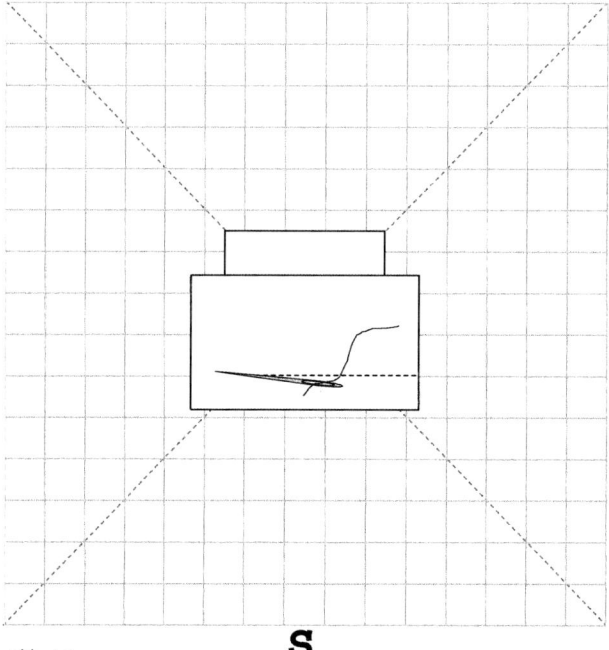

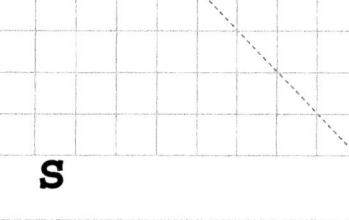

Abb. 4.2

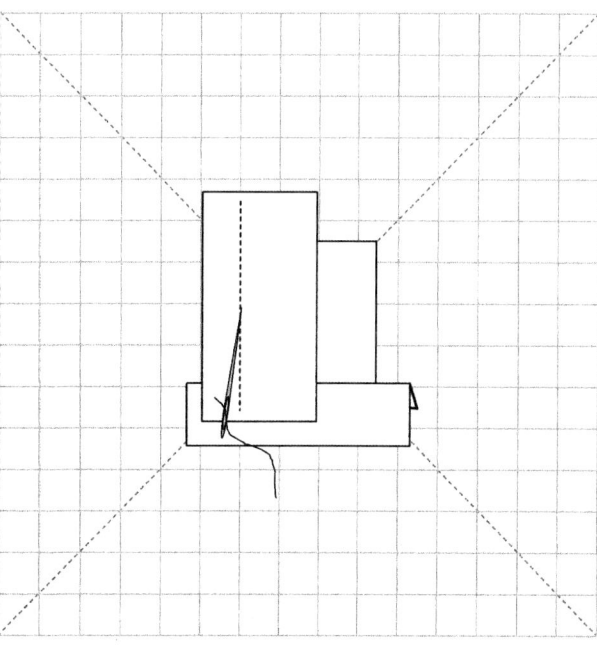

Abb. 4.3

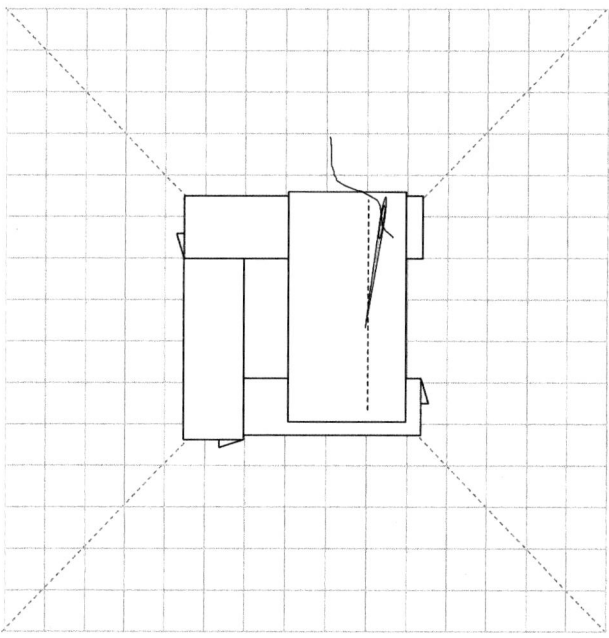

Abb. 4.4

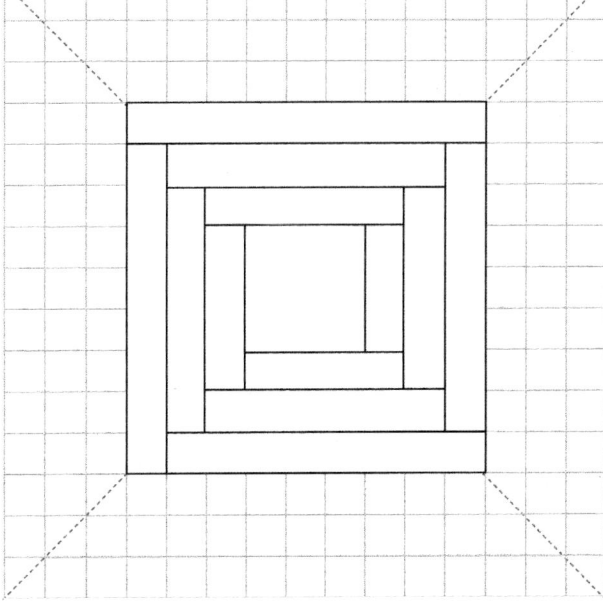

Abb. 4.5

Sie den ersten Streifen rechts auf rechts auf den Rand des Mittelpunktes und stecken beides auf dem Vlies fest.
Jetzt drehen Sie das Vlies um, so daß die bedruckte Seite oben liegt und nähen entlang der ersten Naht (Abb. 4.2). Sie sollten zwei Stiche über den Anfang und das Ende des Streifens hinausnähen. Ein Vor- und Zurücknähen ist nicht nötig, da jeder Streifen von dem Folgenden überlappt und gehalten wird. An der äußeren Kante des Vliesquadrates markieren Sie sich den Start mit einem „S", da die Reihenfolge im Uhrzeigersinn festgelegt ist. Das Vlies wird wieder gewendet, der Streifen aufgeklappt, gebügelt und abgeschnitten.

Mit dem zweiten Streifen verfahren Sie genauso:
Sie legen ihn rechts auf rechts auf die zweite Seite des Mittelquadrates, einschließlich des ersten Streifens plus Saumzugabe, stecken ihn fest, drehen das Vlies, nähen die Naht und wenden das Vlies zurück auf die unbedruckte Seite. Der Streifen wird aufgeklappt, gebügelt und abgeschnitten (Abb. 4.3). So setzen Sie Streifen an Streifen bis der Block komplett ist (Abb. 4.4. – 4.5.).

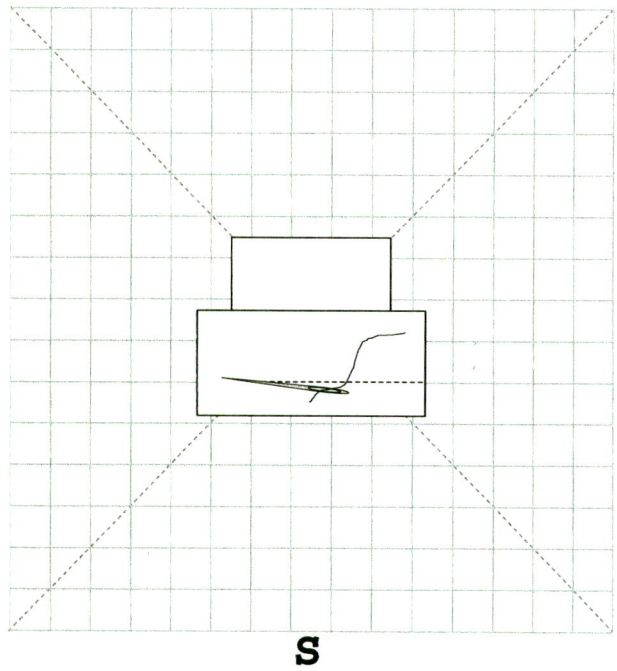

S

Abb. 4.7

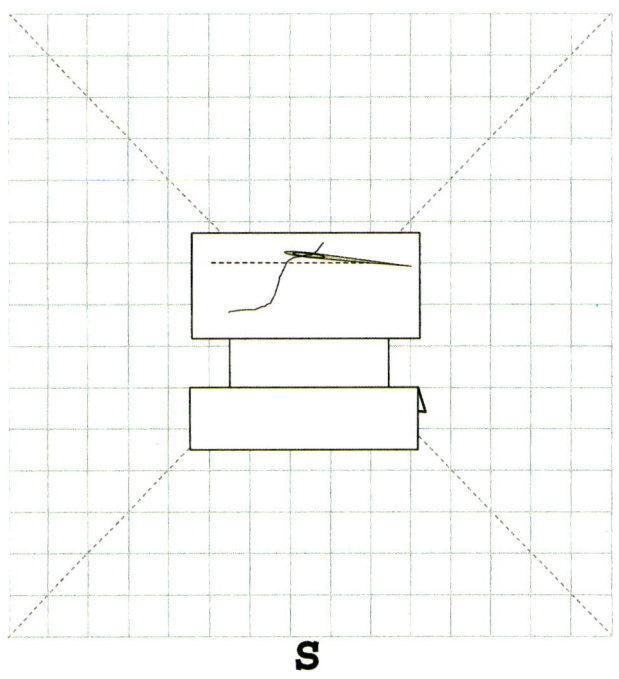

S

Abb. 4.8

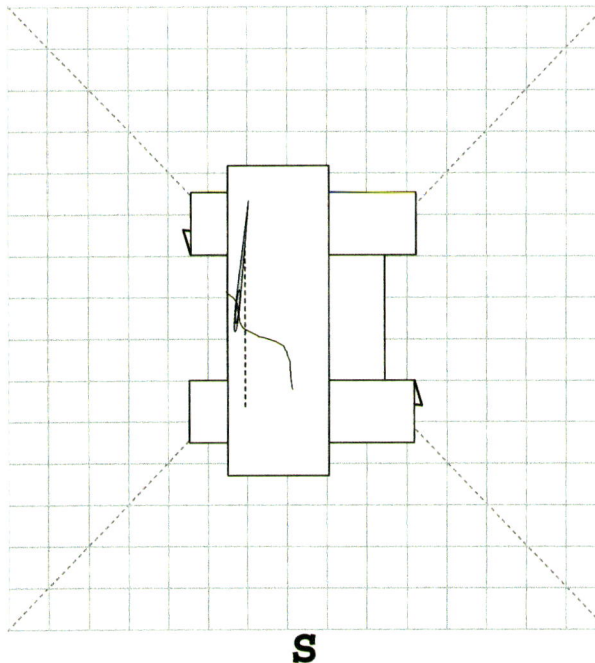

S

Abb. 4.9

Fertigstellung:

Den Stoff der Rückseite schneiden Sie in der Größe des Blocks, einschließlich Nahtzugabe zu, legen das Top rechts auf rechts darauf und steppen füßchenbreit ab, dabei müssen Sie an einer Seite eine Mittelöffnung zum Füllen offenlassen. Wenden, Ecken gut heraus arbeiten, mit Lavendel füllen, Saum der Öffnung nach innen legen, Satinband auf die Hälfte falten und mit den beiden Enden in die Öffnung legen. Diese schließen Sie mit ein paar Stichen von Hand.

Variationen:
Nähen der Grundform b):

Die Nähtechnik ist genauso, wie oben beschrieben, lediglich die Streifenfolge ist eine andere. Sie nähen die Streifen nicht im Uhrzeigersinn an, sondern immer rechts und links vom Mittelpunkt (Abb. 4.7 – 4.10).
Eine weitere Variationsmöglichkeit haben Sie bei dieser Technik, wenn Sie die Grundform a) nehmen, jedoch für eine Runde, d.h. für vier Streifen, den gleichen Stoff verwenden und erst in der zweiten Runde anders gemusterte oder gefärbte Stoffstreifen annähen (Abb. 4.11).

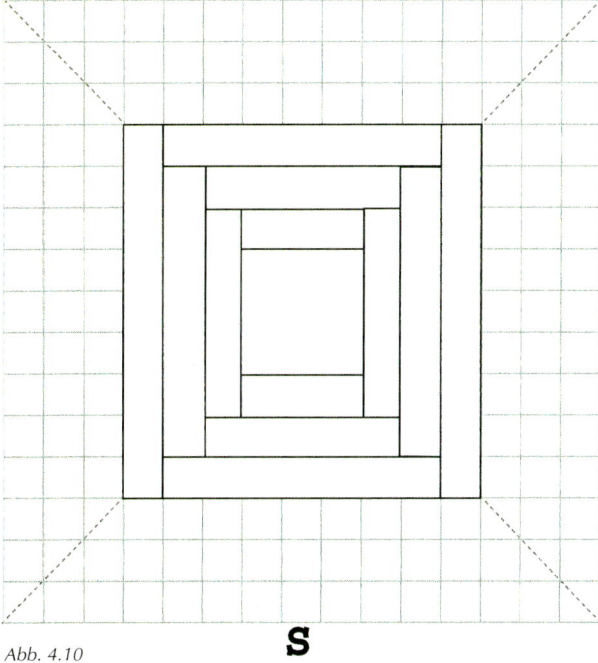

Abb. 4.10

S

5. Ein kleiner Hund

Ein kleiner Hund mit Namen „Fips" ist im Handumdrehen der beste Freund aller Kinder und erlebt an ihrer Seite die schönsten Abenteuer. Nach Spiel und Spaß nimmt er auch eine Wäsche in der Maschine nicht übel. Zudem ist „Fips" mit ein bißchen Geduld ganz einfach nachzunähen.

Was wird benötigt?
– zwei aufeinander abgestimmte Baumwollstoffe:
   1. 25 x 35 cm für das Grundteil und die Unterseiten der Ohren, 2. 20 x 40 cm für die beiden Seitenteile und die Oberseiten der Ohren,
– Bastelwatte,
– 2 schwarze Perlen für die Augen,

– ein kleines Stück Filz oder Stickgarn für die Nase,
– 50 cm Satinband.

Zuschneiden:
Kopieren Sie das Schnittmuster und übertragen Sie die Kopie des Schnittmusters mit 1 cm Nahtzugabe und einschließlich aller Angaben auf die linke Seite der dafür vorgesehenen Stoffe. Die beiden Seitenteile müssen dabei gegengleich auf den Stoff übertragen werden. An den engen Rundungen werden die Nahtzugaben vorsichtig eingeschnitten. Je nach Belieben können Sie das Schnittmuster auch vergrößern. Achten Sie bitte darauf, daß sich dann der Stoffverbrauch für den Hund mit vergrößert!

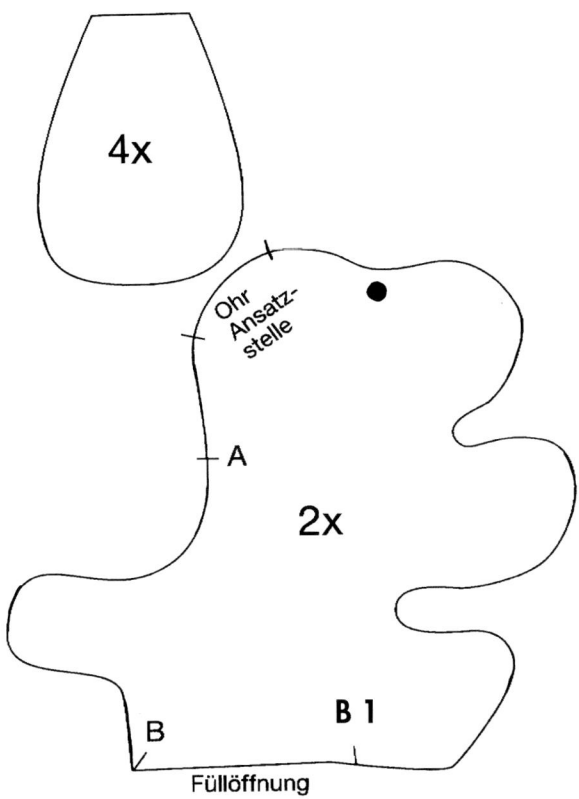

beginnen Sie am Punkt „B1" und nähen die beiden Teile entlang aller Rundungen füßchenbreit zusammen.

Mit der letzten Naht von „A" nach „B" verbinden Sie die beiden Seitenteile miteinander. Wenden Sie den Hund nun durch die verbleibende Öffnung auf die rechte Seite, und bügeln Sie den Stoff.

Fertigstellung:

Füllen Sie den kleinen Hund fest mit Bastelwatte, und nähen Sie die Füllöffnung mit kleinen Stichen von Hand zu. Zum guten Schluß fixieren Sie die Perlen als Augen laut der Abbildung und setzen das Filzherz mit zwei kleinen Stichen an die Nasenposition. An Stelle des Filzherzes können Sie auch ein kleines „Nasenherz" aufsticken.

„Fips" ist fertig und zu allen Späßen bereit!

So wird's gemacht:

Zunächst schneiden Sie das Schnittmuster für die Ohren zweimal aus jedem Stoff aus. Legen Sie die Unter- und Oberseiten der Ohren rechts auf rechts aufeinander und nähen füßchenbreit an der Rundung entlang. Wenden Sie die Ohren, und füllen Sie diese leicht mit Bastelwatte aus. Schließen Sie die Öffnung mit einem kleinen Zick-Zack-Stich von Kante zu Kante.

Nehmen Sie ein Seitenteil zur Hand und stecken Sie an der Ohransatzstelle ein Ohr so darauf, daß der Stoff des Ohres und des Seitenteiles gleichermaßen nach oben schaut. Heften Sie das Ohr mit wenigen Stichen auf das Seitenteil und entfernen Sie die Stecknadel.

Das Grundteil liegt mit der rechten Seite nach oben vor Ihnen auf dem Tisch. Jetzt legen Sie die Punkte „B" und „B1" des Grund- und Seitenteiles rechts auf rechts übereinander und stecken diesen Abschnitt (= Füllöffnung) fest.

Beginnen Sie am Markierungspunkt „B1" und nähen beide Teile entlang der Fuß- und Kopfform füßchenbreit zusammen, bis Punkt „A" des Seitenteils mit Punkt „D" des Grundteiles deckungsgleich ist.

Mit dem zweiten Seitenteil verfahren Sie ganz genauso. Zuerst nähen Sie mit wenigen Heftstichen das zweite Ohr an die vorgegebene Ansatzstelle an. Im Anschluß daran werden die Punkte „B" und „B1" des Grund- und zweiten Seitenteiles rechts auf rechts gelegt und festgesteckt. Wieder

Tischdecken und Tischsets

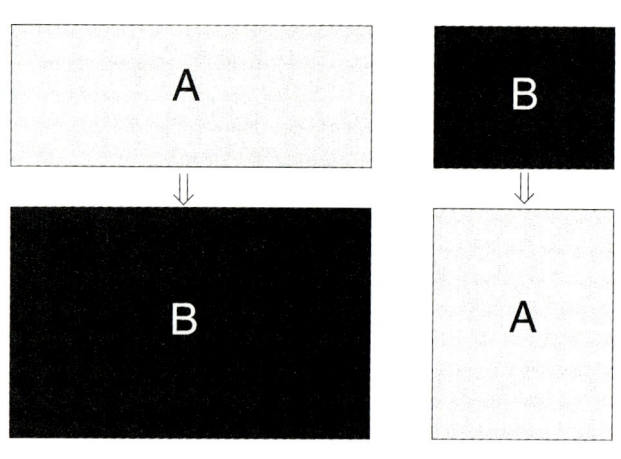

6. Tischset

(Fertigmaß 47 x 35 cm)

Mit dieser einfachen Form, bestehend aus vier Teilen, möchte ich Ihnen ein Platzdeckchen vorstellen, das in seiner Schlichtheit auf dem gedeckten Tisch eine große Wirkung erzielt und das Sie, je nach Belieben, in einem oder mehreren Feldern mit Patchworkmustern versehen können. Selbstverständlich lassen sich auch Applikationen dekorativ einsetzen!

Was wird benötigt?

– Zwei Baumwollstoffe,

– eine dünnere Vlieseinlage.

Zuschneiden: (Angaben beinhalten Nahtzugaben!)

Von jedem der beiden Stoffe werden wie die Abb. 6.1

Abb. 6.1

zeigt, je zwei Stoffstücke zugeschnitten:
– Stoff A: 15 x 32 cm und 23 x 16,5 cm
– Stoff B: 23 x 32 cm und 15 x 16,5 cm
– Stoff für die Rückseite: 48,5 x 36,5 cm
– Vlies in gleicher Größe wie der Stoff der Rückseite.

So wird's gemacht:

Legen Sie die beiden großen und die beiden kleinen
Rechtecke rechts auf rechts aufeinander und stecken diese
fest. Nähen Sie entlang der in Abb. 6.2 gezeigten Linien
füßchenbreit eine Naht, und bügeln Sie die Säume zum
dunkleren Stoff hin (Abb. 6.3). Anschließend fügen Sie die
neu erhaltenen Streifen aneinander, indem Sie die Teile
wieder rechts auf rechts legen und wie oben verfahren.

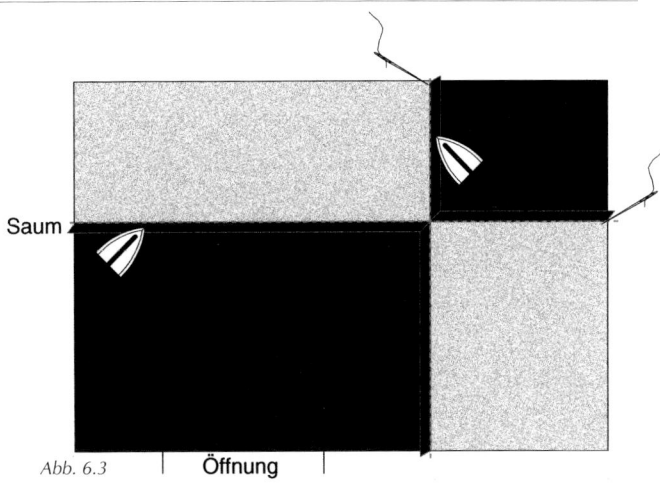

Saum

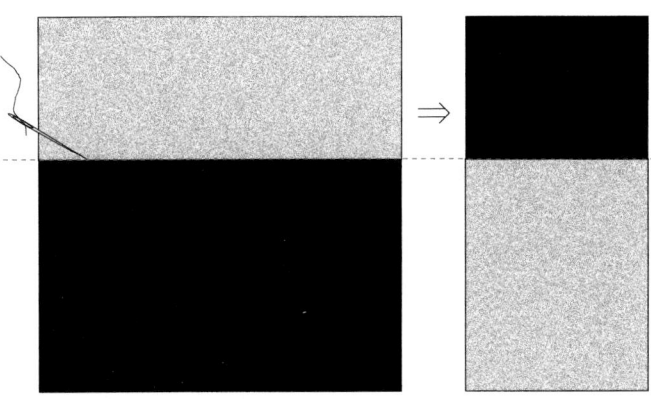

Abb. 6.3   Öffnung

Abb. 6.2

Fertigstellung:

Ist das Top fertiggestellt, legen Sie die vorbereitete Rückseite
und das Top rechts auf rechts aufeinander, so daß das
Top oben liegt. Unter die vorgesehene Rückseite legen Sie
das dünne Vlies gleicher Größe und stecken alle drei Lagen
zusammen. Nun nähen Sie die Teile, bis auf eine markierte
Öffnung an einer Seite, rundherum zusammen. Durch die
Öffnung wird das Tischset gewendet. Damit die Ecken gut
herausgearbeitet werden können, kann man die Nahtzugabe
einige Millimeter zurückschneiden. Den Saum der Öffnung legen Sie nach innen, bevor Sie die Seiten und Kanten
gut bügeln. Zum Abschluß steppen Sie in den beiden Nähten des Tops die drei Lagen zusammen und nähen an allen Seiten nochmals knappkantig vorbei.

7. Mitteldecke im Vierer-Block-Muster

„Vierer-Block-Muster" (Fertigmaß 80 x 80 cm)
Kennen Sie die Situation, eine besondere Kaffeetafel decken
zu wollen und nicht die passende Tischdecke zu haben?
Mit diesem schnell und einfach zu nähenden Muster kön-
nen Sie morgen Ihre Gäste an einer ausgefallen gedeckten
Tafel willkommen heißen.

Was wird benötigt?

– drei Baumwollstoffe Ihrer Wahl, passend zum Geschirr
  oder der Dekoration.

Zuschneiden: (Angaben beinhalten Nahtzugabe!)

– zwei Stoffstreifen unterschiedlichen Musters oder
  verschiedenfarbig, 30 x 60 cm,

– je zwei Quadrate derselben Stoffe, 14 x 14 cm,
– vier Randstreifen, 14 x 60 cm,
– Stoff für die Rückseite, 84 x 84 cm.

So wird's gemacht:

Die beiden rechteckigen Stoffstreifen (Abb. 7.1) legen Sie
rechts auf rechts und nähen füßchenbreit eine Naht. Diese
wird zur dunkleren Farbe hingebügelt. Jetzt schneiden Sie den
Block in der Mitte durch (Abb. 7.1) und erhalten so zwei gleiche Rechtecke. Ein Rechteck drehen Sie um, daß sich unterschiedliche Stoffe gegenüberliegen und nähen erneut füßchenbreit die Mittelnaht (Abb. 7.3). Bügeln Sie die Naht aus.
Im nächsten Arbeitsgang fügen Sie an zwei der Randstreifen
jeweils ein Quadrat unterschiedlicher Farbe links und rechts

an. Dazu legen Sie die Quadrate rechts auf rechts auf die Enden der Streifen und nähen füßchenbreit jeweils eine Naht. Die Nähte stets zur dunkleren Farbe hin bügeln. Abbildung 7.4 zeigt Ihnen, welche Randstreifen Sie nun vor sich liegen haben.

Zuerst nähen Sie die kleinen Randstreifen oben und unten an das Mittelteil (Abb. 7.5). Im Anschluß daran fügen Sie die vorbereiteten langen Randstreifen rechts und links an das Mittelteil an (Abb. 7.6). Alle Nähte gut bügeln!

Fertigstellung:

Das fertiggestellte Top legen Sie rechts auf rechts auf den Stoff der Rückseite, markieren in der Mitte einer Seite eine Öffnung zum Wenden von ca. 20 cm. Nähen Sie einmal füßchenbreit rundherum, wobei Sie unterhalb der Öffnung mit zwei Vor-und-Zurück-Stichen beginnen und oberhalb der Öffnung ebenso aufhören.

Jetzt wenden Sie die Tischdecke durch diese Öffnung, arbeiten die Ecken gut heraus (Sie können den Saum an den Ecken etwas zurückschneiden), legen den Saum der Öff-

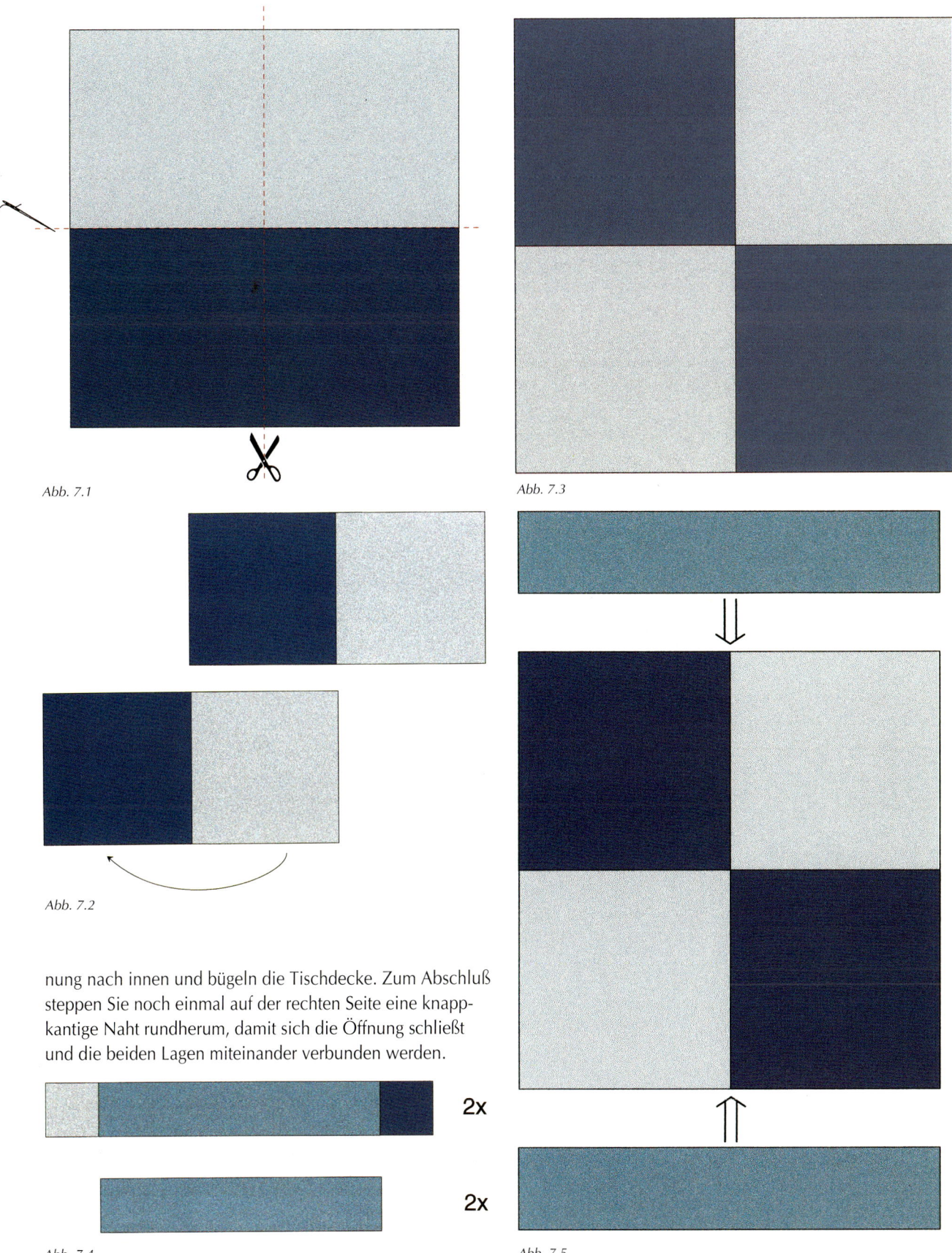

Abb. 7.1

Abb. 7.2

Abb. 7.3

nung nach innen und bügeln die Tischdecke. Zum Abschluß steppen Sie noch einmal auf der rechten Seite eine knappkantige Naht rundherum, damit sich die Öffnung schließt und die beiden Lagen miteinander verbunden werden.

2x

2x

Abb. 7.4

Abb. 7.5

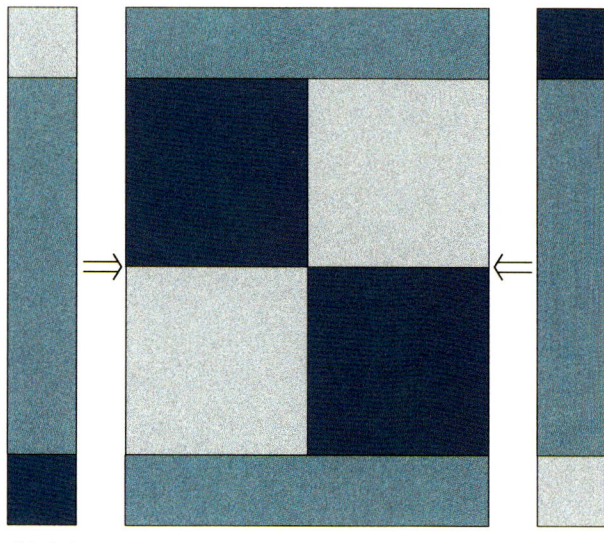

Abb. 7.6

Möchten Sie gerne eine Tischdecke für ein größeres Tischmaß haben, gibt es zwei Möglichkeiten:
– setzen Sie die Quadrate im Schachbrettmuster aneinander, oder
– trennen Sie die Vierer-Blöcke mit Streifen von 5 cm Fertigmaß voneinander. Dort, wo die Trennungsstreifen aufeinanderstoßen, setzen Sie ein kleines Quadrat, ebenfalls mit der Kantenlänge 5 cm, ein. Die Rückseite müssen Sie entsprechend der Patchworkoberseite zuschneiden.

TIP:
Zwei in einem!
Wenn Sie die Rückseite etwas kleiner zuschneiden und auch diese mit einem Rand, wie oben beschrieben, versehen, können Sie Ihre Tischdecke wenden und Ihrer Tafel ein neues Aussehen verleihen.

8. Mitteldecke im Fünfer-Block-Muster

(Four X Star; Fertigmaß, 80 x 80 cm)
Wie alle traditionellen Formen, so bietet auch der „Fünfer-Block" eine Fülle von Gestaltungsmöglichkeiten. Stellvertretend für diese Gruppe zeige ich Ihnen den „Four X Star", der sich aus einer Kombination von einfachen und diagonal geteilten Quadraten zusammensetzt und daher schnell nachzunähen ist.

Was wird benötigt?
– Fünf verschiedene, farblich aufeinander abgestimmte Baumwollstoffe,
– Schneidquadrat,
– Rollschneider.

Zuschneiden: (Angaben beinhalten Nahtzugaben!)
Aus den Stoffen schneiden Sie Streifen mit folgenden Maßen zu:
– 1 x blaugemustert – 15 x 75 cm – ergibt 5 Quadrate
– 1 x Weiß – 15 x 60 cm – ergibt 4 Quadrate
– 1 x uni Grün – 15 x 60 cm – ergibt 4 Quadrate
– 1 x grüngemustert – 15 x 60 cm – ergibt 4 Quadrate
Legen Sie das Quadratlineal (15 x 15 cm) jeweils am linken Streifenrand an und schneiden mit dem Rollschneider die angegebene Anzahl Quadrate zu. Legen Sie die Quadrate zur Seite, und schneiden Sie weitere Streifen zu:

– 1 x uni Blau – 15 x 60 cm
– 1 x Weiß – 15 x 60 cm.

Diese beiden Streifen legen Sie rechts auf rechts aufeinander, legen das Quadratlineal wieder am linken Streifenrand an und schneiden in Folge vier blauweiße „Quadrat-Sandwiches" zu (Abb. 8.1). Teilen Sie mit dem Rollschneider jedes Quadrat diagonal in zwei Dreieckspaare (Blau/Weiß) (Abb. 8.2). Fixieren Sie die Stoffe mit Nadeln, damit sie nicht verrutschen können.
– Stoff für den Randstreifen
– Stoff für die Rückseite.

Merke:
Für weitere Techniken ist es wichtig, daß die Richtung der Diagonalen, die während einer Arbeit einmal gewählt wurde, beibehalten wird. Daher sollten Sie sich gleich hier eine der beiden Möglichkeiten (von links unten nach rechts oben – von rechts unten nach links oben) zu eigen machen und nicht mehr verändern!

So wird's gemacht:
Nähen Sie die Dreieckspaare entlang der diagonalen Schnittkante füßchenbreit im Kettenverfahren zusammen (Abb. 8.3). Sie erhalten acht blau-weiße Quadrate. Sind alle

Dreieckspaare genäht, klappt man sie auf und bügelt die Naht zur dunkleren Seite hin.

Die beiden zugeschnittenen Streifen aus grünem und grüngemustertem Stoff nähen Sie der Länge nach rechts auf rechts füßchenbreit zusammen. Auch hier bügeln Sie die Naht zur dunkleren Seite hin. Jetzt schneiden Sie den neu erhaltenen Streifen alle 15 cm durch und erhalten vier gleiche Teile. Ein Blick auf Abbildung 8.4 zeigt Ihnen, ob Sie nun alle für das neue Muster erforderlichen Teile vorbereitet haben.

Beim Zusammensetzen eines Blockes geht man von der

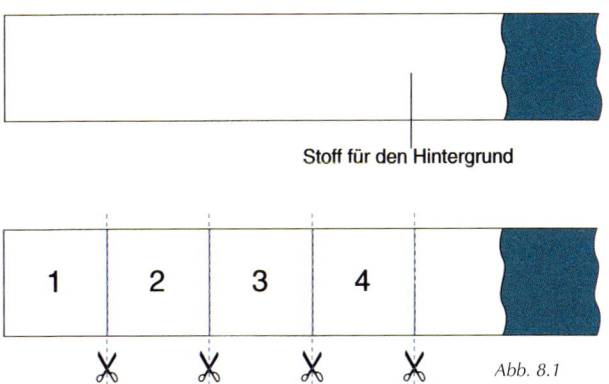

Stoff für den Hintergrund

Abb. 8.1

TIP:
Das Kettenverfahren ist eine „Schnellnähmethode", die Zeit und vor allem Nähgarn spart! Hier werden die Dreiecke hintereinander unter den Nähfuß gelegt, ohne daß die Naht unterbrochen wird. Da nicht bei jedem Dreieck vor- und zurückgenäht wird, wählt man eine kleine Stichlängeneinteilung von „2", damit sich die Naht nicht auflöst.

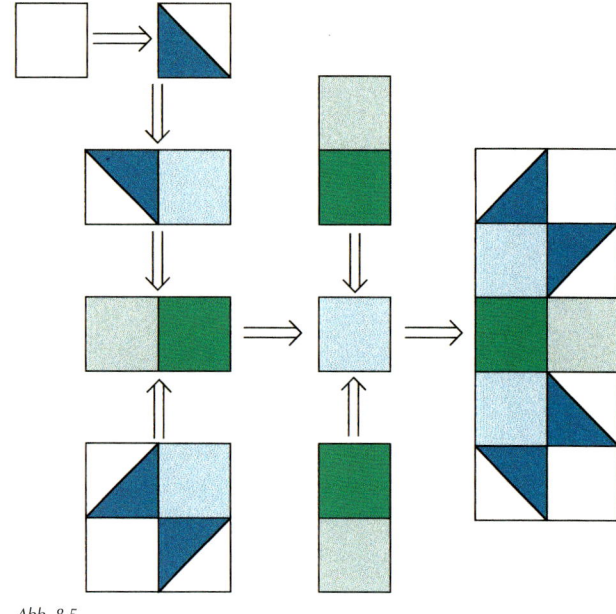

Abb. 8.5

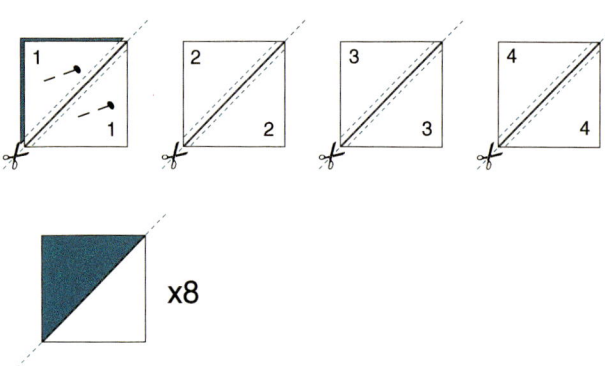

Abb. 8.2

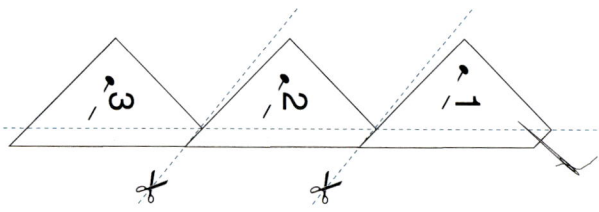

Abb. 8.3

kleinsten Einheit aus und fügt Schritt-für-Schritt, die Abb. 8.5 zeigt es Ihnen, die Teile zu einem Ganzen zusammen.

Fertigstellung:
Ihr Top hat jetzt eine Größe von 68 cm erreicht. Durch den nun anzufügenden Randstreifen können Sie Ihr individuell benötigtes Maß der Mitteldecke erreichen. Soll das gewünschte Maß 80 x 80 cm sein, schneiden Sie aus dem dunkelblauen Stoff folgende Streifengrößen aus:
– 1. und 2. Streifen à 68 x 7,5 cm
– 3. und 4. Streifen à 82 x 7,5 cm.

Abb. 8.4

Abb. 8.6

Fügen Sie jetzt den 1. und 2. Streifen oben und unten an das Top. Im Anschluß daran nähen Sie den 3. und 4. Streifen rechts und links davon an. Alle Säume werden stets zur dunklen Seite hin gebügelt.

Das fertige Top legen Sie rechts auf rechts auf die nun passend zugeschnittene Rückseite, markieren sich an einer Seitenmitte 20 cm zum Wenden und nähen einmal füßchenbreit rundherum mit Ausnahme der gekennzeichneten Öffnung. Wenden Sie die Tischdecke, bügeln Sie die Seiten und besonders die Kanten, legen Sie nun den Saum der Öffnung nach innen und nähen auf der rechten Seite nochmals knappkantig an allen Seiten entlang. Damit schließt sich die Wendeöffnung und die beiden Teile bekommen Festigkeit.

Variationen:

Die Abbildung 8.6 zeigt Ihnen, daß eine kleine Veränderung innerhalb eines Blockes sofort eine andere Wirkung erzielt.

Meine Angaben sollen hilfreiche Anregungen sein, die durchaus individuell verändert werden können. Lassen Sie Ihrer Kreativität freien Lauf, und spielen Sie vor dem Zusammennähen mit den fertigen Quadraten.

Kissenparade

Wenn man sich mit Patchwork beschäftigt, stößt man früher oder später auf eine ganz bestimmte Art von Quilts, die sich in Form und Farbe deutlich von den traditionellen Mustern abheben, den Amisch Quilts, kunstvoll und aufwendig gearbeiteten Decken.

Die Amischen sind und waren immer eine kleine und konservative Glaubensgemeinschaft, die von den protestantischen Widertäufern abstammen. Die ständigen Verfolgungen in Europa zwangen sie zur Auswanderung nach Nordamerika. Die ersten Amischen kamen Mitte des 18. Jahrhunderts nach Pennsylvanien. Als sie dort als amerikanische Minderheit seßhaft wurden, lernten sie die Technik des Patchwork von anderen Siedlern.

Quilten wurde bald ein wichtiger Bestandteil ihrer „Ordnung". Sie führte die Amischen zu ihren Grundsätzen von Einfachheit und Zweckmäßigkeit.

Die Amisch-Quilts zeichnen sich durch strenge geometrische Muster und streng vorgegebene Farbwahl aus. Die Farben stammen direkt von ihrer Kleiderordnung ab, denn sie

tragen in der Öffentlichkeit schwarze Mäntel, die Kleidung darunter kann jedoch durchaus hell sein. In einigen Gruppen sind nur Pastelltöne erlaubt, in anderen sind Weiß, Gelb und Rot wichtige Farben.

Was hat dies alles nun mit unserer „Kissenparade" zu tun? Um Ihnen die Freude am Patchwork nicht schon am Anfang zu verderben, werde ich nicht mit einem großen Werk, wie einem Amischen Quilt, beginnen, sondern Ihnen anhand einiger Kissen mögliche Farbkombinationen vorstellen und Sie auf dem Weg über einfache Grundformen und Arbeitstechniken zu einem der wichtigsten Muster der Amischen führen, dem „Roman Stripe", einem quadratischen Muster.

Alle Einzelquadrate können, beliebig oft aneinander gesetzt, zu großen Quilts anwachsen. Die ersten Schritte dorthin werden Sie in den Variationen kennenlernen, die Sie im Anschluß an die Arbeitsanleitungen der einzelnen Kissen finden.

Kissenverschlüsse

Bevor Sie sich nun frisch ans Werk begeben, möchte ich noch etwas Grundsätzliches vorausschicken.

Ihre Kissenhüllen benötigen Verschlüsse und die gibt es in unterschiedlichsten Formen und Variationen. Es gibt die Möglichkeit, das Kissen mit Reißverschluß, Bändern, Stoffschleifen oder Knöpfen zu schließen, aber auch eine weitere Form ohne Reißverschluß kann sehr nützlich sein. Die Arten „mit" und „ohne" Reißverschluß stelle ich Ihnen nun vor.

Kissenhülle mit Reißverschluß

Zuschneiden:

– Eine Rückseite in passender Farbe und Größe des Tops.
– Bei Kissen mit 40 cm Seitenlänge einen 35 cm langen Reißverschluß.

So wird's gemacht:

Legen Sie das versäuberte Top rechts auf rechts auf den Rückseitenstoff und stecken beides fest. Drei Seiten werden mit Stichlänge 2,5 genäht. Die vierte Seite nähen Sie bitte mit einem großen Stich (Abb. VI), da diese Naht zum Schluß wieder aufgetrennt wird.

Bügeln Sie die Naht an der Stelle gut auseinander (Abb. VII).

Legen Sie den Reißverschluß von links auf die Naht (Abb. VIII). Fixieren Sie den geschlossenen Reißverschluß in dieser Ausrichtung und lösen anschließend die Naht darunter. Den geöffneten Reißverschluß nähen Sie mit kleinen Stichen der ersten Länge nach an einer Seite fest, schließen ihn wieder, wechseln mit einigen Steppstichen auf die andere Seite und nähen die zweite Länge.

Zum guten Schluß schließen Sie die 5 cm-Nähte rechts und

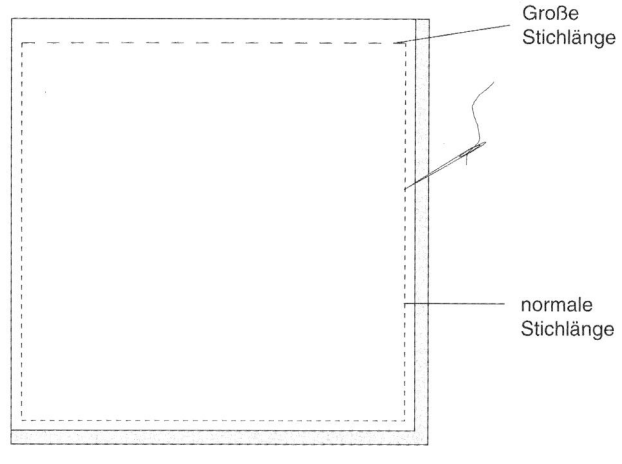

Abb. VI

Große
Stichlänge

normale
Stichlänge

links vom Verschluß bis zu den Ecken mit einigen Steppstichen, wenden die Kissenhülle und bügeln die Seiten und Kanten.

Abb. VII

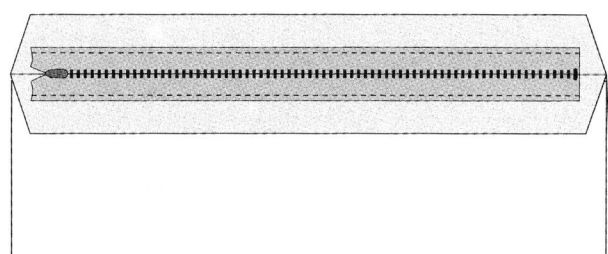

Abb. VIII

Kissenhülle ohne Reißverschluß (Hotelverschluß):

Zuschneiden:
Schneiden Sie zwei Stoffteile in passender Farbe und Größe mit folgender Länge zu:
Hälfte des Kissentops + 15 cm zum Überlappen beider Teile + doppelten Saumumschlag von 2 cm (Abb. IX).
Bei einer Kissenhülle von 40 x 40 cm bedeutet dies: 20 cm + 15 cm + 2 cm = 37 cm, die für ein rückwärtiges Stoffteil benötigt werden.

So wird's gemacht:
Bügeln Sie beide Teile an einer schmalen Seite 2 cm doppelt um, damit der Saum versäubert ist, und steppen Sie knappkantig eine Naht.
Jetzt legen Sie die beiden vorbereiteten Teile so aufeinander, daß die rechten Seiten oben liegen und sie überlappend das Maß des Tops bekommen. Stecken Sie diese Position fest, und nähen Sie an beiden Seiten (Abb. X) eine 5 cm lange Naht. Beide Teile sind nun links und rechts der Öffnung miteinander verbunden.
Steppen Sie nun ringsherum die vordere und rückwärtige Kissenplatte rechts auf rechts füßchenbreit aufeinander und wenden Sie das Kissen durch die bestehende Öffnung. Bügeln Sie zum Abschluß beide Seiten des Kissens und seine Kanten.

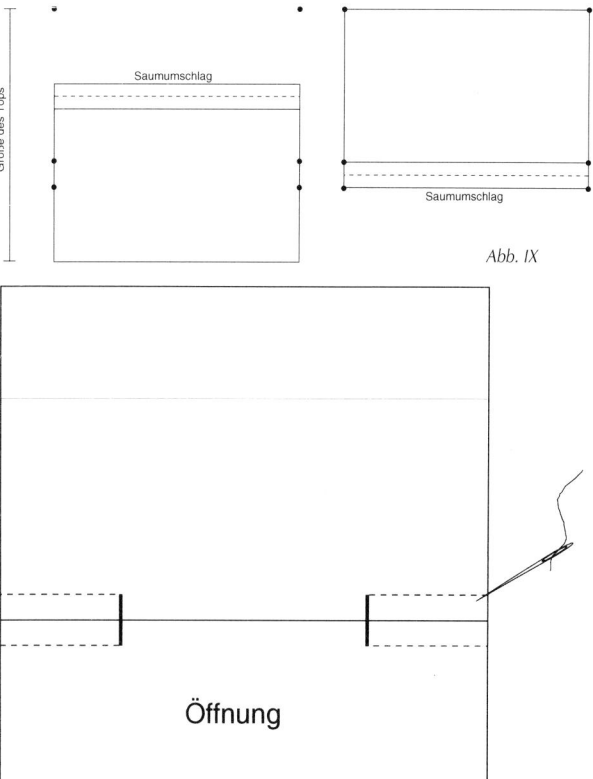

Größe des Tops

Saumumschlag

Saumumschlag

Abb. IX

Öffnung

Abb. X

9. Rail Fence

(Fertigmaß 40 x 40 cm)

Dieses Kissenmuster ist einfach zu nähen und ermöglicht eine Vielfalt von verblüffenden Effekten, je nach Anordnung der einzelnen Blöcke.

Was wird benötigt?
– Vier, farblich zart aufeinander abgestimmte Baumwoll-
  stoffe in der Abstufung von Dunkel nach Hell,
– Kissenfüllung.

Zuschneiden: (Angaben beinhalten Nahtzugaben!)
Schneiden Sie Streifen mit folgenden Maßen zu:
– aus den Stoffen in den Farben Schwarz, Pink und Grün
  jeweils 1 Streifen 4,5 x 65 cm,
– aus dem Stoff der Farbe Lila 1 Streifen 6,5 x 65 cm,
– für die Ränder je einen Streifen:
  Schwarz – 7,5 x 29,5 cm
  Schwarz – 7,5 x 35,5 cm
  Pink – 7,5 x 35,5 cm
  Pink – 7,5 x 42 cm
– Stoff für die Rückseite mit Hotelverschluß.

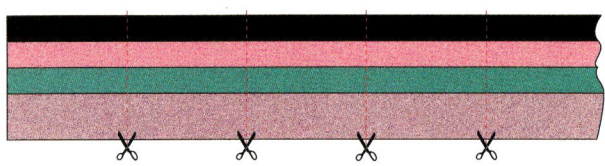

Abb. 9.1

So wird's gemacht:
Nähen Sie die Streifen in der von Ihnen gewünschten Reihenfolge rechts auf rechts, nacheinander zusammen. Der letzte Streifen sollte schwarz sein.

Merke:
Werden mehrere Streifen über eine längere Strecke zu einem Blockstreifen genäht, so ist es sinnvoll, jede neue Naht zuerst auf der Naht selbst zu pressen, bevor der Streifen

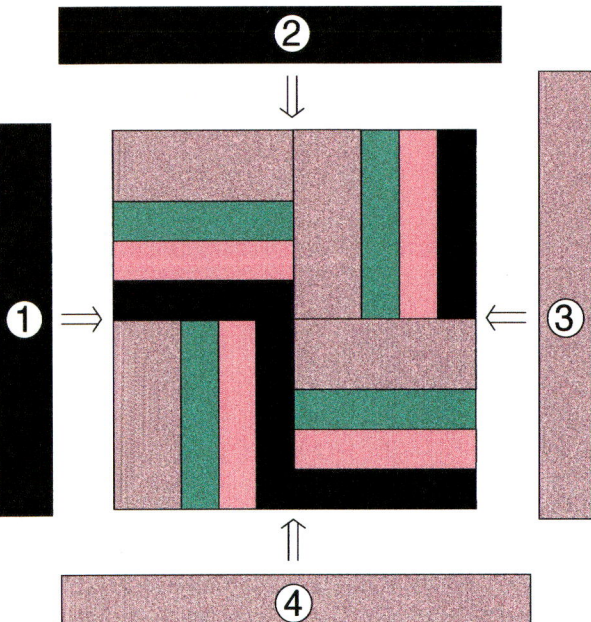

Abb. 9.2

Abb. 9.3

aufgeklappt und umgebügelt wird. D.h., das Bügeleisen, wird Stück für Stück auf die Naht gedrückt und wieder angehoben, ohne es über den Stoff zu bewegen.

Vermeiden Sie „Schlingerbewegungen" mit dem Bügeleisen, und benutzen Sie für diesen Vorgang keinen Dampf, sonst laufen Sie Gefahr, daß sich die Nähte in Bogenform verziehen.

Sie erhalten einen breiten Blockstreifen, den Sie wie in Abb. 9.1 in vier Quadrate mit einer Seitenlänge von 15,5 cm zerschneiden.

Diese legen Sie sich, laut Abb. 9.2, zurecht und nähen zwei und zwei Quadrate rechts auf rechts zusammen. Nun haben Sie zwei Rechtecke, die Sie wieder rechts auf rechts mit einer Mittelnaht zu einem großen Quadrat verbinden. Die Randstreifen werden in der Reihenfolge vom kürzesten zum längsten nacheinander rechts auf rechts an die Patchworkoberseite angefügt (Abb. 9.2). Der kürzeste Streifen soll

dabei am unteren Kissenrand liegen. Der zweite Streifen überlappt nun den ersten und rahmt die zweite Seite der Oberseite ein. Verfahren Sie mit dem Annähen der weiteren Streifen im Uhrzeigersinn, und bügeln Sie alle Nähte gut aus.

Fertigstellung:
Für die Rückseite schneiden Sie zwei Stoffstücke in passender Farbe und Größe zu, arbeiten einen Hotelverschluß nach der angegebenen Anleitung und verfahren, wie dort beschrieben wird.

Variationen:
Durch geschickte Anordnung von Farben und Blöcken lassen sich interessante Effekte erzielen. In dem Beispiel aus Abbildung 9.3 ergibt sich durch die Plazierung der Blöcke sowie durch die Wahl gleichbreiter Streifen ein Treppenmuster der Farbe Grün und Lila. Versuchen Sie es selbst!

10. Twisted Triangles

(Fertigmaß 40 x 40 cm)

Dies ist ein einfach zu arbeitendes Muster, das auf der Spiegelung gleicher Dreiecke basiert und Ihnen im Handumdrehen zu einem neuen Kissen verhilft.

Was wird benötigt?
– Vier farblich abgestufte Baumwollstoffe von Hell nach Dunkel,
– Kissenfüllung,
– Schneidlineal,
– Rollschneider oder Schere.

Zuschneiden: (Angaben beinhalten Nahtzugaben!)
Sie benötigen je Farbe einen Streifen von 1,10 m Länge und 6,5 cm Breite.

So wird's gemacht:
Nähen Sie die Streifen in der Abstufung von Hell nach Dunkel nacheinander rechts auf rechts zusammen.

Merke:
Die Nähte pressen, um Bogennähte zu verhindern, bevor man die einzelnen Streifen umklappt und bügelt.
Sie erhalten einen breiten Blockstreifen, den Sie wie in Abb. 10.1 in vier gleichschenklige Dreiecke zerschneiden. Dazu nehmen Sie Ihr Schneidlineal, das eine 45°-Winkellinie eingezeichnet hat, zur Hand. Legen Sie diese Linie einnie

mal am unteren und einmal am oberen Rand Ihres Blockstreifens an und schneiden entlang der Außenkante des Lineals mit dem Rollschneider die Dreiecke aus. Der letzte Streifen der Dreiecke besagt, welche Farbe es hat.
2 x 2 Dreiecke sind jetzt gleich (Abb. 10.2), zwei blaue und zwei rosa Dreiecke. Die Dreiecke gleicher Farbe legen Sie so rechts auf rechts zusammen, daß daraus ein großes Dreieck entsteht, nämlich die Hälften eines diagonal geteilten

Quadrates und nähen diese füßchenbreit zusammen. Die Nähte immer zur gleichen Seite hin bügeln!
Im Anschluß daran legen Sie die beiden neu entstandenen Dreiecke rechts auf rechts aufeinander und verbinden die Teile mit einer füßchenbreit genähten Mittelnaht. Die Naht auseinanderbügeln! Das Kissentop ist nun fertiggestellt.

Fertigstellung:
Das Kissentop hat ohne Randgestaltung bereits das fertige Maß, so daß Sie gleich diejenige Kissenöffnung arbeiten können, die Ihnen zusagt und die zu Beginn des Kapitels erklärt wurden. Verfahren Sie, wie dort beschrieben wird.

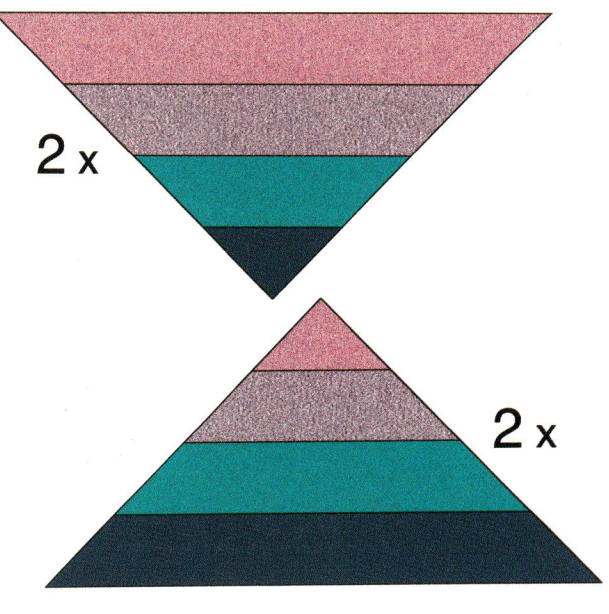

Abb. 10.2

Abb. 10.1

11. Roman Stripe

(Fertigmaß 40 x 40 cm)
Das „Roman Stripe"-Muster der Amischen ist ein ausdrucksstarkes, vielseitiges Muster. Jedes der Quadrate (Blöcke) besteht aus einer schwarzen und einer fünffach diagonal gestreiften Hälfte. Schwarz ist eine dominante Farbe und verbindet jedes ausgesuchte Farbset der zweiten Hälfte mit sich zu einer harmonischen Einheit.

Das Farbset der zweiten Hälfte sollten Sie entweder in einer Abstufung von Hell nach Dunkel aus leuchtenden Farben (wie das folgende Beispiel zeigen wird) oder aus stumpfen, gedeckteren Farben (siehe „Twisted Triangles") wählen. Vermeiden Sie eine Kombination aus beiden Möglichkeiten, um den Charakter des Musters nicht zu verfälschen.

Was wird benötigt?
– Schwarzen Baumwollstoff und
– ein Set aus fünf farblich abgestuften Baumwollstoffen,
– Schneidlineal,
– Rollschneider,
– Kissenfüllung,
– Reißverschluß, 35 cm.

Zuschneiden: (Angaben beinhalten Nahtzugaben!)
Schneiden Sie Streifen für die Blöcke mit folgenden Maßen zu:
– aus dem Stoffset der fünf Farben jeweils zwei Streifen
 à 3 x 120 cm
– aus dem schwarzen Stoff zwei Streifen à 8,5 x 120 cm.
Die Streifen für die Randgestaltung erhalten folgende Maße:
– pinker Rand: vier Streifen à 4 x 35 cm
– hellblauer Rand: vier Streifen à 2 x 38 cm
– schwarzer Rand: vier Streifen à 3,5 x 42 cm
– Stoff für die Rückseite mit Reißverschluß.

So wird's gemacht:

Nehmen Sie von jeder der fünf Farben einen Stoffstreifen zur Hand und sortieren diese von der hellen zur dunklen Farbe oder nach eigenen Vorstellungen. Haben Sie die Reihenfolge festgelegt, bleibt sie für alle Blöcke bestehen. Nähen Sie Streifen für Streifen rechts auf rechts aneinander, ausgehend von der hellen Farbe, und bügeln Sie die Nähte stets zur dunkleren Farbe hin, so daß alle Säume in die gleiche Richtung weisen.

Merke:

Die Nähte erst pressen, dann die Streifen aufklappen und umbügeln!

Sind alle Streifen aneinandergefügt, erhalten Sie einen Blockstreifen von 8,5 cm. Den Blockstreifen legen Sie rechts auf rechts auf den schwarzen Streifen gleicher Breite, legen das Schneidlineal mit der 45°-Linie an den Streifenkanten an und schneiden Dreiecke zu (Abb. 11.1). Sie erhalten zwei Arten der sogenannten „Sandwich"-Dreiecke, bestehend aus den beiden Stofflagen. Der letzte Streifen bestimmt die Farbe der Dreiecke, so daß Sie pinke und blaue Dreiecke vor sich liegen haben. Diese nehmen Sie bitte nicht auseinander, sondern nähen im Kettenverfahren (siehe Tischdecke „Four X Star") an der Längsseite füßchenbreit eine Naht (Abb. 11.2).

(Zu Abb. 11.1 + 11.2: Aus technischen Gründen sehen Sie die rechte und nicht die linke Seite mit ihren Nähten!)
Für das beschriebene Kissenmuster benötigen Sie drei blaue und sechs pinke „Sandwichdreiecke".
Klappen Sie die gestreifte Hälfte aller Teile auf und bügeln Sie die Naht zum schwarzen Stoff hin. Die so entstandenen Quadrate sind Ihre Blöcke, mit denen Sie nun weiterarbeiten können (Abb. 11.3).
Die Kissenoberseite ist hier im „Dreier-Block" gearbeitet, das bedeutet, Sie benötigen neun Quadrate mit Randgestaltung. Sie können auch einen „Vierer-Block" ohne Randstreifen bei gleichem Endmaß wählen.
Bei dem klassischen „Roman Stripe"-Muster zeigen alle Quadrate mit der gestreiften Seite in die gleiche Richtung (Abb. 11.4).
Doch lohnt es sich, der Kreativität freien Lauf zu lassen und die Quadrate in verschiedener Weise zu drehen und zu legen.

Fertigstellung:

Bei der Randgestaltung nehmen Sie, wie angegeben, pro Runde vier Streifen gleicher Farbe (Abb. 11.4). Den ersten und zweiten Streifen nähen Sie an die rechte und linke Seite des Tops an, Streifen drei und vier werden an der oberen

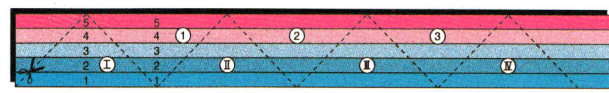

Abb. 11.1

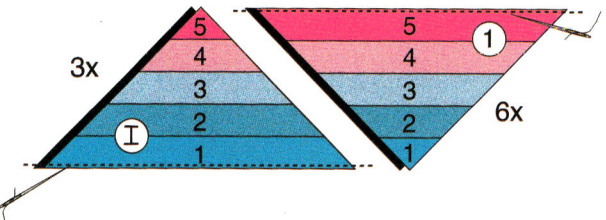

Abb. 11.2

Abb. 11.3

und unteren Kante angefügt. Alle weiteren Stoffränder werden nach demselben Schema angenäht, bis das Top die gewünschte Größe erhält.

Die endgültige Fertigstellung, einschließlich Rückseite und Reißverschluß, entnehmen Sie bitte den vorab beschriebenen Anleitungen der Kissenverschlüsse.

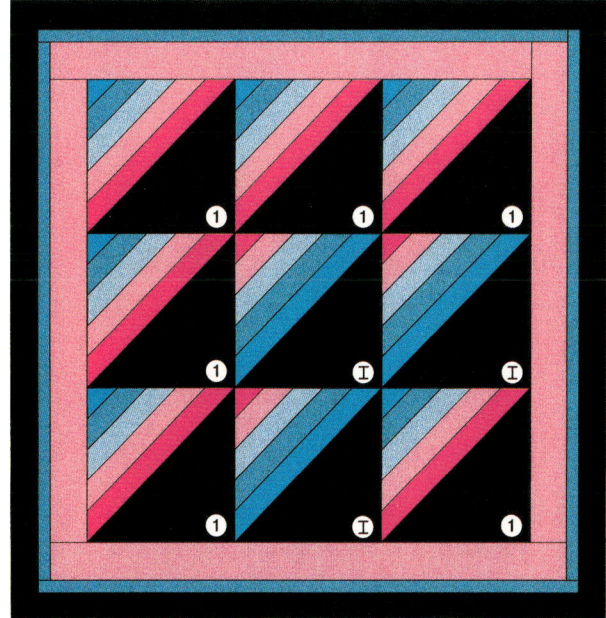

Abb. 11.4

12. Baby-Block

Verschnittechnik (Fertigmaß, 40 x 40 cm)

Das Baby-Block-Muster hat seinen Namen von den Kinder-Bausteinen. Es ist ein dreidimensionales Muster, das seine besonderen Effekte durch den Gebrauch dreier Stoffe in der Kombination hell - mittel - dunkel erhält. Die Würfel werden so arrangiert, daß die helle Seite immer in die gleiche Richtung weist. Der übliche Weg ist es, diese Baby-Blocks aus drei einzelnen 60°-Rauten zu fertigen, die man zu einer Einheit zusammennäht. Anschließend werden die Würfel zu Reihen und die Reihen zu einer Oberseite zusammengefügt. Doch möchte ich Ihnen hier mittels der Verschnittechnik einen anderen Weg aufzeigen. Lassen Sie sich nicht von den Abbildungen abschrecken! Es sieht schlimmer aus, als es ist. Also frisch ans Werk!

Was wird benötigt?

– 60°-Rastervlies,
– drei Stoffe in der Abstufung hell-mittel-dunkel, d.h., 1 Stoff für den Würfeldeckel, 2 Stoffe für die Würfelseiten, wobei eine Seite in jedem Fall mit hellem Stoff genäht werden sollte,
– Stoff für die Rückseite,
– 30 cm langer Reißverschluß.

Zuschneiden: (Angaben beinhalten Nahtzugaben!)

Aus dem Rastervlies werden laut Abb. 12.1 zwei Parallelogramme gegengleich ausgeschnitten. Die Seitenlänge beträgt 22 Dreiecke und 11 Dreiecke plus 1/2 Dreieck Nahtzugabe. Übertragen Sie bitte alle Linien, die dort eingezeichnet

sind; sie sind in der weiteren Arbeitsanleitung von größter Bedeutung.

Die Abb. 12.2 zeigt die Verteilung der Stoffe im Würfel, über die Sie sich bitte zu diesem Zeitpunkt klar werden sollten.

Schneiden Sie in folgender Anzahl Streifen von 6 cm Breite und 30 cm Länge:

für den Deckelstoff 12 Streifen
für die linke Seite 5 Streifen
für die rechte Seite 5 Streifen.

Merke:

Stellen Sie die Stichlänge Ihrer Nähmaschine auf „2" ein. Da die Nähte mehrfach auseinander geschnitten werden, kann so ein Auflösen verhindert werden.

So wird's gemacht:

Vliesteil „1" nähen Sie abwechselnd mit den Stoffen, die Sie für den Würfeldeckel und die linke Würfelseite ausgewählt haben, Vliesteil „2" nähen Sie entsprechend abwechselnd mit dem Deckelstoff und dem Stoff, der für die rechte Seite vorgesehen ist. Beide Vliesteile beginnen und enden mit dem Streifen des Deckelstoffes (Abb. 12.3).

Ein kurzes Wort zur Abb. 12.3: Aus technischen Gründen

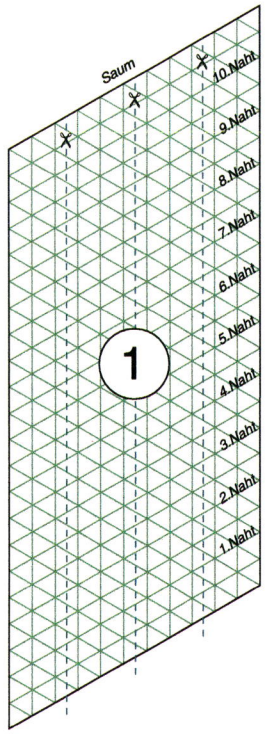
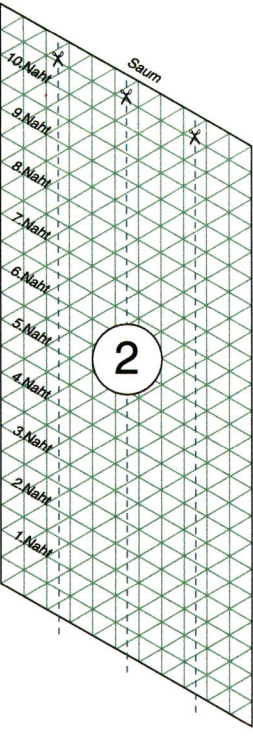

Abb. 12.1

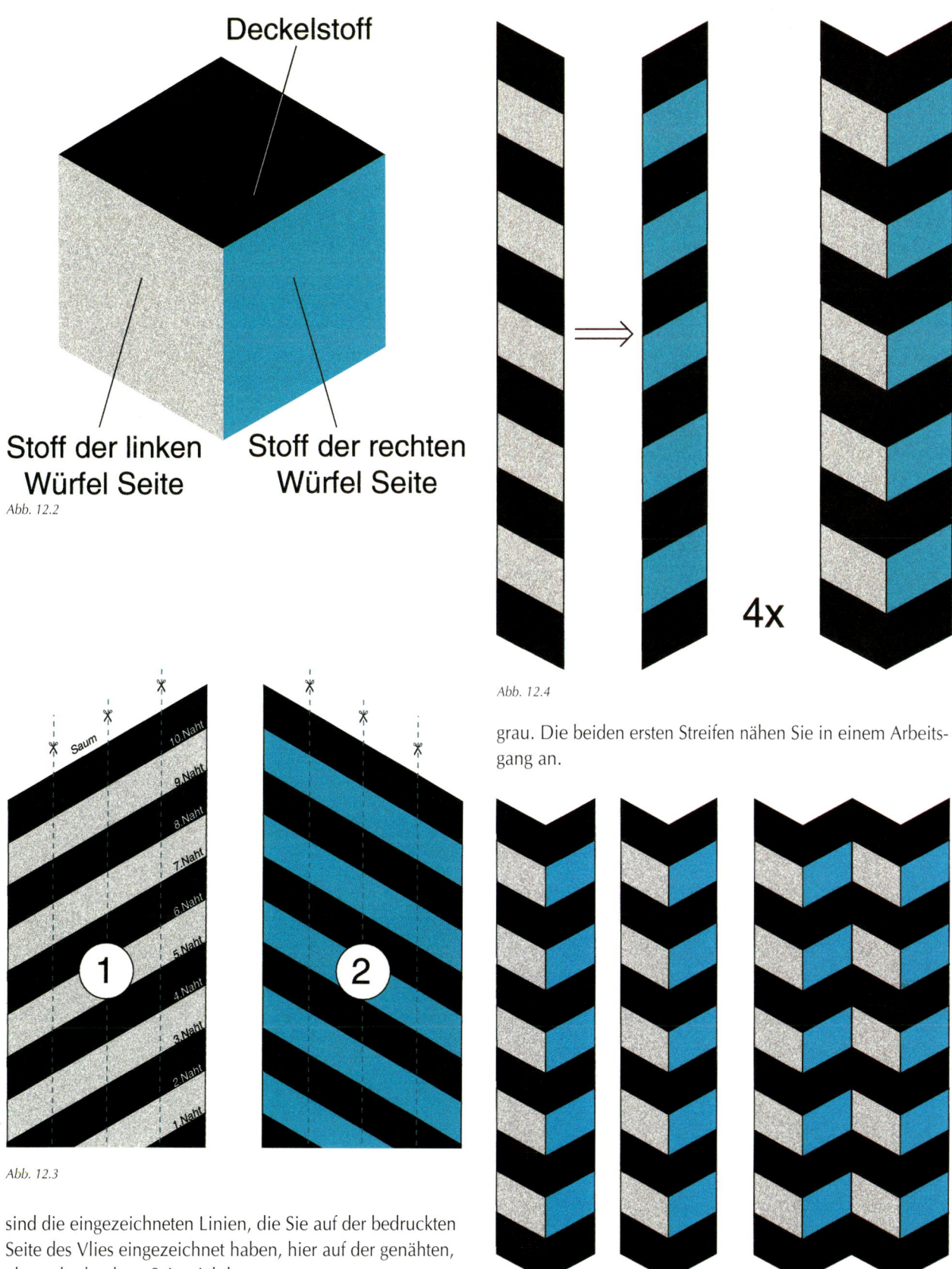

Deckelstoff

Stoff der linken Würfel Seite

Stoff der rechten Würfel Seite

Abb. 12.2

Abb. 12.4

①

②

Abb. 12.3

4x

grau. Die beiden ersten Streifen nähen Sie in einem Arbeitsgang an.

sind die eingezeichneten Linien, die Sie auf der bedruckten Seite des Vlies eingezeichnet haben, hier auf der genähten, also unbedruckten Seite sichtbar.

Zuerst nähen Sie Vliesteil „1" mit den Stoffen schwarz und

Abb. 12.5

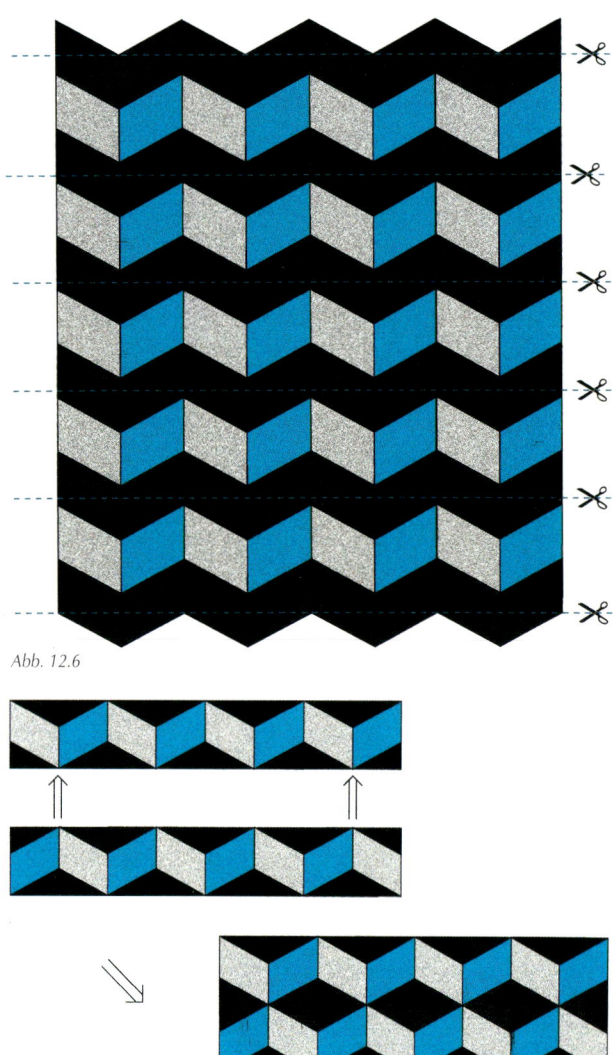

Abb. 12.6

Abb. 12.7

von Vliesteil „2" aufgenäht, schneiden Sie die überstehenden Stoffdecken mit der Saumkante des Vlieses gleich. Das Scherensymbol, das Sie auf das Vlies übertragen haben, markiert nun die Linien, an denen das Vlies durchgeschnitten wird (Abb. 12.3). Nur Mut!
Sie erhalten aus jedem der beiden genähten Vliesteile 4 Streifen. Nun nehmen Sie jeweils einen schwarzgrauen und einen schwarzblauen Streifen, legen diese rechts auf rechts und nähen, wie in Abb. 12.4 gezeigt wird, die Streifen paarweise zusammen. Die Paare setzen Sie zu 2 Viererblöcken (Abb. 12.5) aneinander, um diese schließlich mit einer Mittelnaht zu verbinden (Abb. 12.6). Zu diesem Zeitpunkt sind die beiden Seitenansichten Ihrer Würfel bereits erkennbar. In einem nächsten Arbeitsschritt markieren Sie sich auf Ihrem bisher erstellten Top die in Abb. 12.6 gezeigten Linien. Bitte achten Sie darauf, daß den Streifen eine gleichbreite Nahtzugabe bleibt. Entlang dieser Linien schneiden Sie Ihr Top in fünf neue Streifen. In Abb. 12.7 zeige ich Ihnen, wie die neuen Streifen zusammengesetzt die Würfel entstehen lassen. Jeder zweite Streifen muß gedreht und „auf dem Kopf stehend" angefügt werden. Haben Sie alle Streifen aneinandergenäht, ist Ihr Baby-Block-Top mit seiner dreidimensionalen Wirkung fertig.
Wie aus Abb. 12.8 hervorgeht, bedarf es einer Randgestaltung, um auf ein Kissenmaß von 40 x 40 cm zu kommen. Es ist Ihrer Vorliebe überlassen, ob Sie lieber einen breiten Rand oder, wie in Abb. 12.8, drei unterschiedlich breite Ränder anfügen. Entscheidend ist dabei nur, daß Sie die

Reißverschluß

Abb. 12.8

Den ersten schwarzen Streifen legen Sie mit der rechten Stoffseite nach oben zeigend auf die unbedruckte Seite des Vlies. Darauf legen Sie den zweiten grauen Streifen rechts auf rechts auf den ersten. Beide Streifen werden auf dem Vlies festgesteckt. Nun wenden Sie das Rastervlies und nähen entlang der Linie, die Sie für die erste Naht auf der bedruckten Seite des Vlies gekennzeichnet haben. Wenden Sie das Vlies wieder, klappen Sie den zweiten Stoffstreifen auf und bügeln Sie die Naht.
Alle weiteren Streifen sowie das Vliesteil „2" werden analog genäht.

Merke:
Achten Sie bitte darauf, daß die Streifen auch nach dem Umklappen die Vlieskanten vollständig bedecken.

Haben Sie alle Streifen sowohl von Vliesteil „1" als auch

Reihenfolge beim Nähen der Randstreifen in allen Reihen beibehalten. Entweder verfahren Sie mit Ihren Streifen wie in der Log-Cabin-Technik oder Sie nähen zuerst am oberen und unteren Rand des Kissens je einen Streifen an, um im Anschluß am linken und rechten Rand je einen Streifen annähen zu können.

Fertigstellung:

In der Größe des endgültigen Tops schneiden Sie eine Rückseite sowie Stoff derselben Größe zu, mit dem Sie das Top auf seiner linken Seite versäubern können. Sie legen nun die Patchworkoberseite (Top) auf eines der zugeschnittenen Quadrate links auf links, stecken beides fest und nähen im Zickzackstich am Rand entlang, um das Top auf seiner linken Seite (= Innenseite des Kissens) zu versäubern.

Merke:

Da die Würfel nach der Fertigstellung des Kissens nicht liegen sollten, und Sie an der unteren Seite den Reißverschluß einnähen, sollten Sie sich gut merken, in welcher Richtung die Würfel verlaufen.

Nähen Sie den Reißverschluß nach der vorab beschriebenen Anleitung in die Kissenhülle ein, und verfahren Sie wie dort beschrieben fort.

13. Dresden Plate

Patchwork kombiniert mit Applikation
(Fertigmaß 40 x 40 cm)
Zum Abschluß des Kapitels möchte ich Sie mit einer andersartigen Technik vertraut machen, dem Applizieren.
Mit dieser Technik werden Stoffstücke von Hand oder mit der Maschine auf einen Stoffuntergrund genäht. Da sich Applikationen im allgemeinen von den streng geometrischen Mustern des Patchworks lösen, gelingt es so, runde Formen und bildhafte Darstellungen großzügig auf die gesamte Quiltfläche oder auf einzelne, kleinere Blöcke aufzunähen, die zu einem Quilt zusammengefügt werden können. Die ersten amerikanischen Applikationsquilts stammen aus dem 18. Jahrhundert. Sie wurden mit größter Sorgfalt gearbeitet und beinahe wie Schätze aufbewahrt, ohne viel benutzt zu werden.
Das Muster „Dresden Plate", das seinen Namen zweifellos von wertvollem Dresdener Porzellan des 17. Jahrhunderts erhalten hat, ist eines der bekanntesten traditionellen Muster, bei dem Patchwork und Applikation kombiniert werden. Die Teile des Motivs werden mit Hilfe von Schablonen auf den Stoff übertragen, ausgeschnitten und zusammengenäht (Patchwork). In einem zweiten Schritt näht man das Motiv auf einen farblich passenden Untergrund, um ihn zu verzieren (Applikation).
Die Kanten der Applikation können dabei auf zwei Arten behandelt werden: Das Motiv wird entweder an den eingeschlagenen Kanten mit winzigen Stichen von Hand oder mit dem engsten Zickzackstich der Nähmaschine, der eine auffallende Kurbelnaht ergibt, auf den Untergrund genäht.
Lassen Sie sich nicht durch die etwas aufwendige Schablonenherstellung abschrecken. Die ausführliche Konstruktionserklärung soll Ihnen dazu dienen, den Dresden-Teller in jeder beliebigen Größe erstellen zu können. Die Vorberei-

tungszeit lohnt sich in jedem Fall, denn das Ergebnis wird sich sehen lassen können!

Was wird benötigt?

– für die Applikation: zwei kontrastreiche Baumwollstoffe,
– für den Mittelpunkt und den Hintergrund:
  einen sich von der Applikation abhebenden Baumwollstoff,
– für die Rückseite einen passenden Baumwollstoff:
  der Stoffverbrauch richtet sich danach, welchen Verschluß das Kissen haben soll (siehe „Kissenverschlüsse"),
– für die Schablone: Schere, Klebstoff, Pappkarton.

Zuschneiden:

Damit die Sequenzen des Dresdener-Tellers alle gleich

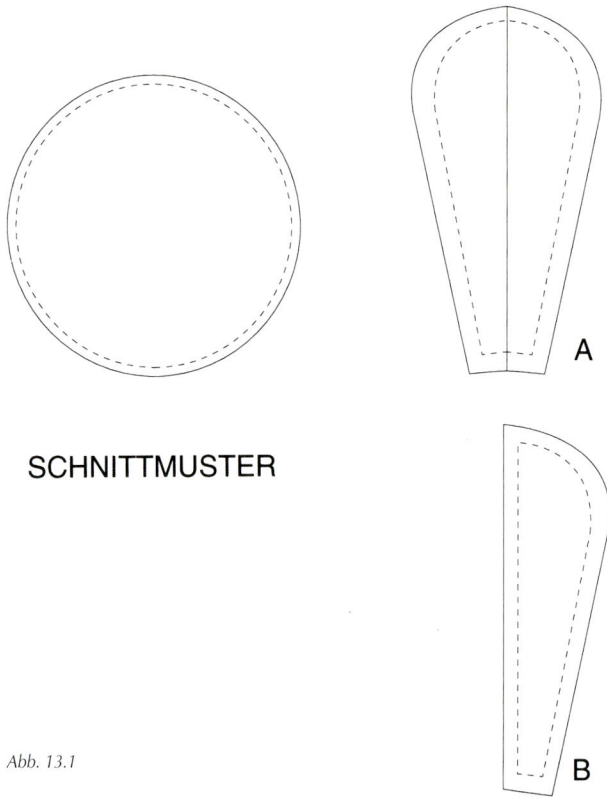

SCHNITTMUSTER

A

B

Abb. 13.1

Jetzt haben Sie alle Teile beisammen und können mit dem Nähen und Applizieren beginnen.

So wird's gemacht:
Nähen Sie jeweils zwei gegengleiche Teile rechts auf rechts entlang der gestrichelten Linie des Schnittmusters zusammen (Abb. 13.3), und bügeln Sie die Naht zur dunkleren Seite hin. Fügen Sie dann vier der so entstandenen Teile zu einem Viertel zusammen (Abb. 13.4), zwei Viertel rechts auf rechts zu einer Hälfte und schließlich die beiden Hälften rechts auf rechts zu einem Kreis (Abb. 13.5). Bügeln Sie alle Nähte in eine Richtung!
Die Nahtzugabe an den Rundungen schneiden Sie mehrmals bis fast an den Kantenrand ein und legen den Saum um. Dabei drücken Sie die Kanten zwischen Ihren Fingernägeln, damit die Kontur gut zu sehen ist. Heften Sie den Rand dann mit kleinen Heftstichen.

Den Untergrundstoff haben Sie inzwischen glattgebügelt und sich den Mittelpunkt durch eine Längs- und Querfalte markiert. An diesen Hilfslinien legen Sie jetzt Ihren „Teller" an, stecken die richtige Position fest und heften das Motiv mit großen Heftstichen auf dem Unterstoff fest. Die Form nähen Sie mit kleinen Überwendlingsstichen auf den Unterstoff. Benutzen Sie kleine Fadenstücke, denn lange Fäden

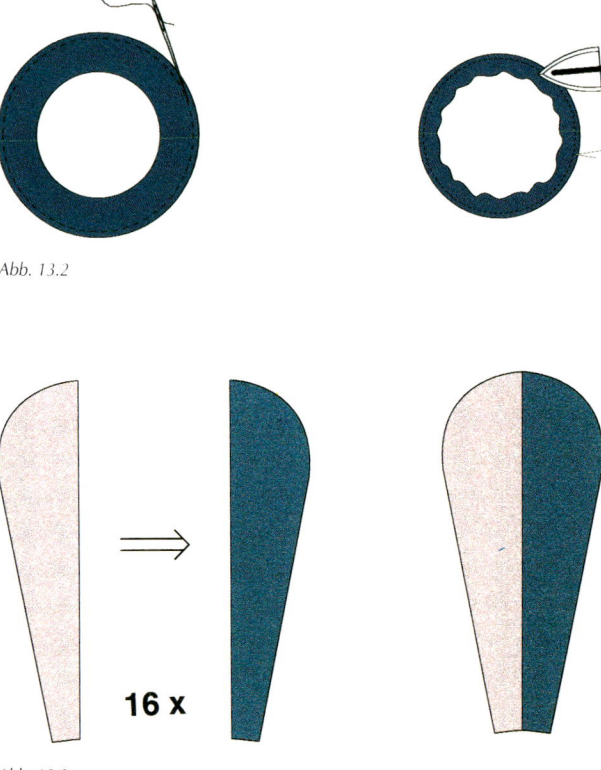

Abb. 13.2

sind, benötigen Sie eine Schablone, die Sie sich wie folgt herstellen können:
Kopieren Sie das Schnittmuster aus Abb. 13.1, und kleben Sie es auf Pappkarton auf. Je nachdem, wie groß der Teller werden soll, müssen Sie das Schnittmuster vor dem Aufkleben vergrößern oder verkleinern.
Wollen Sie die Sequenzen des Dresdner Tellers aus einem Stoff fertigen, so verwenden Sie bitte das Schnittmuster A; wollen Sie mit zwei Farben arbeiten, nehmen Sie bitte das Schnittmuster B.
Für beide Varianten benötigen Sie außerdem die Kreisschablone.
Das hier beschriebene Muster ist zweifarbig gearbeitet!
Für den Stoffzuschnitt übertragen Sie mittels der Schablone B die Form auf Ihren Stoff (16 Teile). Ebenso verfahren Sie auf dem zweiten Stoff für die gegengleiche Hälfte (Schablone wenden!).
Die Kreisschablone wird auf Stoff gelegt, der deutlich größer ist als die Schablone, und am äußeren Rand mit einem Reihstich versehen (Abb. 13.2).
Durch Engerziehen des Fadens legt man den Stoff konturgenau um die Kreisschablone und bügelt die Kanten zur Fixierung. Die Schablone kann jetzt entfernt werden.
Für den Hintergrundstoff schneiden Sie ein Quadrat mit einer Seitenlänge von 42 cm zu.

16 x

Abb. 13.3

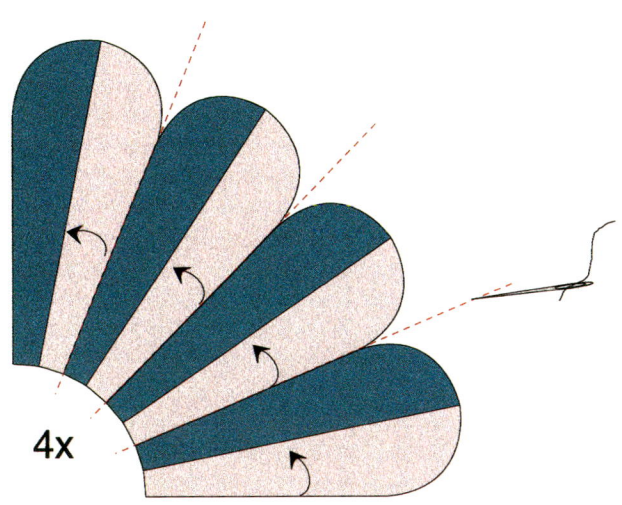

4x

Abb. 13.4

werden durch häufiges Durchziehen sehr strapaziert und geschwächt. Im Anschluß nähen Sie in gleicher Weise Ihren vorbereiteten Mittelpunkt auf.

Fertigstellung:

Entfernen Sie alle Heftfäden, und bügeln Sie das Motiv und den Unterstoff glatt. Nun wenden Sie das Top auf die linke Seite und schneiden den Untergrundstoff unter dem Dresden-Teller unter Berücksichtigung von 1 cm Nahtzugabe weg. Die Fertigung des Kissenverschlusses entnehmen Sie dem entsprechenden Kapitel.

Variation:

Auch dieses Muster kann zu einem reizvollen Quilt an-

wachsen, wenn Sie es mehrmals arbeiten und die entstandenen Blöcke, mit gleichbreiten Streifen voneinander getrennt (Trennungsstreifen), aneinander nähen. Das Top und die Rückseite links auf links aufeinander legen und eine entsprechend groß zugeschnittene Lage Volumenvlies dazwischen legen. Die Fertigstellung der Wandquilts entnehmen Sie bitte der folgenden Erklärung.

Quilten können Sie in der Naht der Muster sowie einige Millimeter von den Kanten entfernt, damit die Dresden-Teller plastisch aussehen.

Abb. 13.5

Besonderheiten und Wandbehänge

14. „Snowball" - Babydecke

(Fertigmaß 100 x 100 cm)
Das Muster dieses Quilts ist einfach und schnell nachzuarbeiten, doch nicht minder eindrucksvoll. Es handelt sich hier um eine Variation des traditionellen „Snowball"-Musters. Dieses simple Quadrat, bei dem an den Ecken Dreiecke abgetrennt und durch neue Dreiecke anderer Farbe ersetzt werden, birgt eine Fülle von Gestaltungsmöglichkeiten in sich. Mustervariationen, Rand- und Farbgestaltung lassen jedes Ihrer Werke bei gleichem Grundmuster zu einem individuellen Einzelstück mit interessanten optischen Effekten werden.

Was wird benötigt?
– Zwei Baumwollstoffe,
– Schneidlineal,
– Rollschneider.

Zuschneiden: (Angaben beinhalten Nahtzugabe!)
– 36 blaue + 28 pinke Quadrate mit einer Seitenlänge von 11,5 cm,
– 36 pinke + 28 blaue Quadrate mit einer Seitenlänge von 6,5 cm,
– vier Randstreifen von 13,5 cm Breite,
– vier Randstreifen von 2,5 cm Breite,
– Stoff für die Rückseite,
– Volumenvlies gleicher Größe.

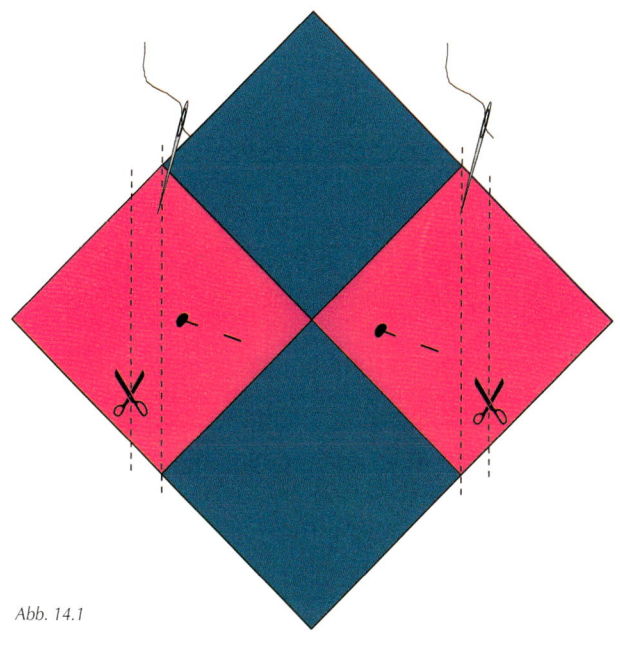

Abb. 14.1

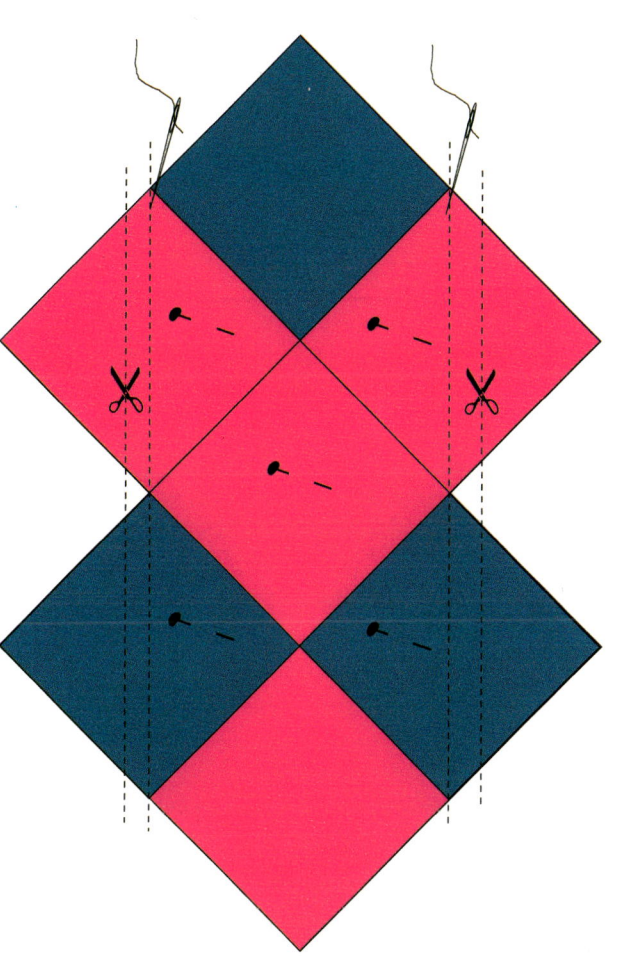

Abb. 14.2

So wird's gemacht:

Markieren Sie sich auf der linken Seite aller kleinen Quadrate die Diagonalen. Legen Sie je zwei kleine Quadrate auf ein großes Quadrat. Die Abb. 14.1 hilft Ihnen die richtige Position zu finden. Stecken Sie die Quadrate fest und nähen diese auf den eingezeichneten Diagonalen mit einer Naht im Kettenverfahren (Abb. 14.2) aneinander. Dabei liegen die kleinen pinkfarbenen Quadrate auf den großen blauen und umgekehrt!

Schneiden Sie die Blöcke auseinander. Die Ecken aller Quadrate schneiden Sie füßchenbreit neben der Naht ab. Klappen Sie nun die Ecken der großen Quadrate auf, und bügeln Sie auch hier zur dunkleren Farbe hin. Sie erhalten

TIP

Nähen Sie die abgeschnittenen „Sandwich"-Dreiecke gleich im Kettverfahren an der Längsseite zusammen, klappen Sie ein Dreieck auf, und bügeln Sie die Naht zur dunkleren Farbe hin. Die so entstandenen „Mini-Quadrate" können Sie für das folgende Utensilo benutzen!

Abb. 14.3

Abb. 14.4

nun zwei verschieden gestaltete Blöcke (Abb. 14.3).
Legen Sie sich das gewünschte Endmuster, zum Beispiel wie
in Abbildung 14.4 zurecht, und stecken Sie die Quadrate
paarweise rechts auf rechts zusammen. Zwei Paare ergeben
einen „Vierer"-Block. Die 16 „Vierer"-Blöcke nähen Sie zu 4
Reihen zusammen. Fügen Sie dann zwei Reihen zu einer
Tophälfte, und nähen Sie schließlich die beiden Hälften zu
einem fertigen Top rechts auf rechts aneinander. Fügen Sie
nun vier schmale Randstreifen in einer Kontrastfarbe an,
denn dieser bringt den Quilt zum Leuchten. Dabei nähen Sie
den ersten und zweiten Randstreifen an den rechten und linken Toprand und den dritten und vierten Streifen im Anschluß an den oberen und unteren Rand an. Die Streifen
werden stets rechts auf rechts auf das Top gelegt und mit
einer füßchenbreiten Naht befestigt. Mit dem breiten Abschlußstreifen verfahren Sie in gleicher Reihenfolge.

Fertigstellung:
Die genaue Arbeitsanleitung zur Beendigung Ihres Baby-
quilts finden Sie im Anschluß an dieses Kapitel.

Variationen:
Zum Abschluß zeige ich Ihnen in Abbildung 14.5, welche
Möglichkeiten Sie haben, den klassischen „Snowball" zu
verändern. Experimentieren Sie mit den Mustervorschlägen

Abb. 14.5

sowie mit anderen Farben, und Sie werden sehen, daß dieser, einzeln betrachtet sehr einfache Block in der Zusam-
mensetzung mit neun oder 16 Blöcken vielversprechende
Kombinationen hervorbringt.

15. Utensilo

(Fertigmaß 83 x 45 cm)
Mit diesem praktischen Wandbehang herrscht im Handumdrehen Ordnung, ganz gleich ob im Kinderzimmer, Bade-
zimmer, an der Nähmaschine oder ganz einfach dort, wo er
gebraucht wird. Durch seine großen, aufgenähten Patch-
worktaschen ist er nicht nur ein Blickfang, sondern nimmt alle Utensilien auf, die Sie schnell greifbar haben möchten. Sie
werden die Vorzüge sehr bald zu schätzen wissen!

Die Muster der Taschen sind ausschließlich aus den „abge-
fallenen" Sandwich-Dreiecken der Babydecke genäht.
Wenn Sie diese bereits vorbereitet haben, stehen Ihnen 128
diagonal geteilte Quadrate zur Verfügung, mit denen Sie beliebige Musterblöcke entwerfen können.
Sie sehen an diesem Beispiel, wie wichtig Ihre Restekiste ist!
Natürlich müssen Sie, wie Sie inzwischen wissen, nicht erst
eine Babydecke nähen, um geteilte Quadrate zu erhalten,
denn Sie haben schon eine Möglichkeit kennengelernt, mit
deren Hilfe Sie schnell bei 128 Quadraten angekommen
sind (siehe „Four X Star", Abb. 8.1 - 8.3).

Was wird benötigt?
– 128 zweifarbige, diagonal geteilte Quadrate aus Baumwollstoffen, z.B. die Reste aus der Babydecke,
– Nesselstoff für den Hintergrund, die Rückseite und den
   „Tunnel" zum Durchziehen der Stange,
– 4 Randstreifen in farblich passenden Baumwollstreifen,
– 1 Baumwollstoff zur Fertigung der Taschen des Utensilos,
– 1 Baumwollstoff zum Versäubern aller Taschen,
– 60 cm lange Bambusstange,
– gedrehte Kordel in passender Farbe zum Aufhängen,
– evtl. dünnes Volumenvlies zum Füttern und Quilten.
Sollten Sie bisher keine Stoffquadrate fertig haben:
– 2 farblich aufeinander abgestimmte Baumwollstoffe, die sich
   vom Hintergrundstoff deutlich abheben.
Sie können selbstverständlich neben Nessel auch jeden anderen Baumwollstoff als Hintergrundstoff verwenden.

Zuschneiden: (Angaben beinhalten Nahtzugabe!)
Die kleinen Quadrate, mit denen Sie Ihre Blöcke für die Taschen bilden, haben ein Fertigmaß von 3 cm Kantenlänge.

Für den Fall, daß die Quadrate noch genäht werden müssen:

– schneiden Sie von beiden Stoffen, die Sie für die Musterblöcke gewählt haben, je 3 Streifen von 4,5 cm Breite über die gesamte Stoffbreite (von 1,20 m) und verfahren wie in Abb. 8.1 – 8.3 erklärt wurde.

Weiter schneiden Sie für die Randstreifen aus pinkem und dunkelblauem Stoff:

– je einen Streifen von 83 x 5,75 cm,
– je einen Streifen von 47 x 5,75 cm.

Aus dunkelblauem Stoff schneiden Sie für die Randstreifen:

– vier Rechtecke à 8 x 12 cm (für die äußeren Falten der kleinen Taschen),
– vier Rechtecke à 12 x 18 cm (für die Innenfalten der kleinen Taschen),
– zwei Rechtecke à 19,5 x 8 cm (für die Falten der großen Tasche),
– vier Streifen à 6 x 48 cm (für die Abschlußstreifen an den oberen und unteren Rändern der kleinen Taschen),
– zwei Streifen à 6 x 44 cm (für den oberen und unteren Abschlußstreifen der großen Tasche).

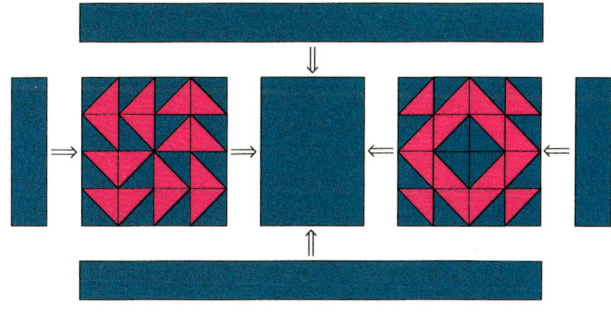

Abb. 15.1

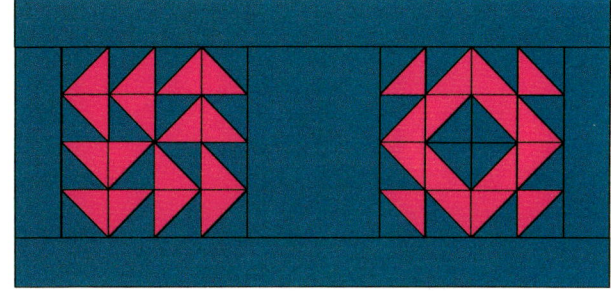

Abb. 15.2

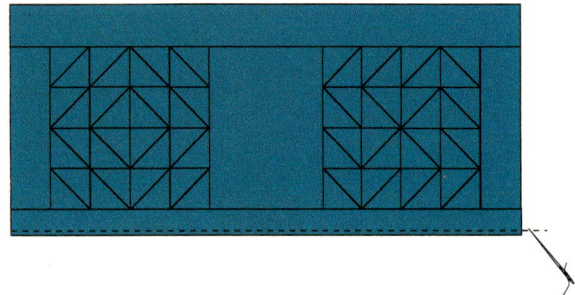

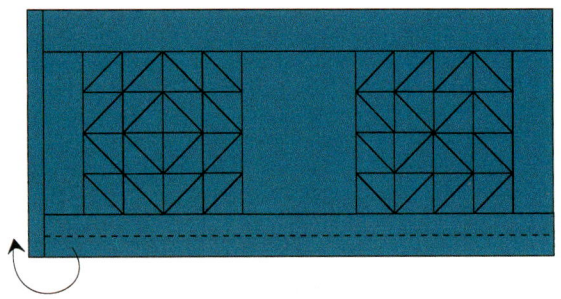

Abb. 15.3

Aus dem Baumwollstoff zur Taschenfütterung schneiden Sie:
– 2 Rechtecke à 20 x 58 cm Seitenlänge (für die zusammen-
  genähten kleinen Taschen),
– 1 Rechteck mit 27 x 44 cm Seitenlänge (für die große Tasche).
Aus dem Nesselstoff schneiden Sie 2 Rechtecke mit 83 x 45
cm Seitenlänge,
– ebenfalls aus Nessel 1 Rechteck mit 44 x 5,5 cm Seitenlänge
  für den Aufhängungstunnel.
Aus dem Vlies schneiden Sie ein Rechteck in der Größe des
Hintergrundes.

So wird's gemacht:
Setzen Sie die diagonal geteilten Quadrate zu vier Vierer-
Blöcken (16 Quadrate ergeben einen Block) für die vier kleinen Taschen und ein Rechteck à 60 (6 x 60) Quadraten für
die große Tasche zusammen.

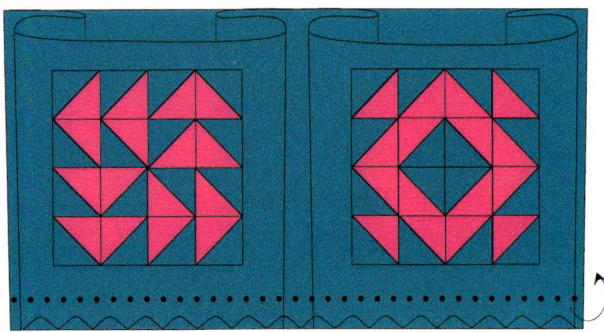

Abb. 15.4

Die Taschenblöcke sind in Form und Farbe nur ein Vor-
schlag und können jederzeit von Ihnen nach Belieben oder
Phantasie geändert werden.
Haben Sie die Blöcke vor sich liegen, setzen Sie diese zu
einer Reihe (Abb. 15.1) zusammen:
Rechteck (= äußere Falte) + Vierer-Block (= kleine Tasche)
+ Rechteck (= innere Falte) + Vierer-Block (= kleine Tasche)
+ Rechteck (= äußere Falte).
Nähen Sie diese Teile in Pfeilrichtung rechts auf rechts
füßchenbreit zusammen, und bügeln Sie die Nahtzugaben
zum dunkelblauen Stoff hin. Sind alle Teile aneinander gesetzt, nähen Sie die beiden Abschlußstreifen an den oberen
und unteren Rand an. Säume zu den dunklen Streifen hin
bügeln!
Die erste Tascheneinheit ist fertiggestellt (Abb. 15.2).
Nach gleichem Schema verfahren Sie mit der zweiten Tascheneinheit. An den Block der großen Tasche nähen Sie
jeweils rechts und links eins der zugeschnittenen „Falten-
rechtecke" für diese Tasche an. Danach setzen Sie auch
hier die zugehörigen Abschlußstreifen an.
Sie erhalten drei zusammengesetzte Rechtecke.

Abb. 15.5

Diese legen Sie mit der linken Seite auf die linke Seite der entsprechenden Futterstoffrechtecke und stecken alle drei Stoffpaare gut fest. Falten Sie den jeweils oberen Abschlußstreifen einschließlich darunter liegendem Futterstoff zur Hälfte nach innen und versäubern die Stoffkanten mit einem doppelten Einschlag von 1 cm. Nähen Sie auf der rechten Seite jeweils an den oberen Kanten entlang eine Naht (Abb. 15.3). Die oberen Taschenkanten sind so versäubert und gleichzeitig ist der Futterstoff fixiert. Verfahren Sie ebenso mit den seitlichen Kanten aller Taschen, doch hier den doppelten Saum so knapp wie möglich einschlagen.

Legen Sie das mittlere sowie die beiden äußeren Rechtecke einer Tascheneinheit in gleichmäßige Falten (Abb. 15.4) und stecken Sie die Positionen gut fest. Die unteren Taschenkanten versäubern Sie jetzt im Zickzackstich und fixieren so gleichzeitig die Faltenposition der Taschen (Abb. 15.4).

Die Abbildung 15.5 verdeutlicht Ihnen an den beiden Taschentypen, wie diese auf den Nesselstoff angenäht werden. Stecken Sie sich dazu die Taschen auf den Nesselstoff auf, so daß zwischen den Taschen ein Abstand von 4 cm liegt und der Abstand von Tasche zur oberen oder unteren Kante 6,5 cm beträgt. Der seitliche Abstand zur Kante beträgt 3,5 cm.

Sind alle Taschen festgesteckt, nähen Sie bitte zuerst die senkrechten Nähte (Abb. 15.5), aber nur bis zur Hälfte des jeweils unteren Abschlußstreifens der Taschen (vergl. gepunktete Linie Abb. 15.4). Schlagen Sie nun den unteren Rand jeder Tascheneinheit doppelt nach innen ein, und nähen Sie knappkantig an den Kanten entlang.

Im nächsten Arbeitsgang nähen Sie die Randstreifen an. In diesem Beispiel ist der Rand zweifarbig über Eck aufgeteilt und nimmt die Farben der Taschen wieder auf.

Nähen Sie zuerst die beiden Streifen rechts und links des Utensilos an. Im Anschluß daran die beiden Streifen, die den oberen und den unteren Rand bilden.

Das auf diese Weise vorbereitete Top legen Sie mit der linken Seite auf die linke Seite des zweiten Nesselrechtecks. Wenn Sie möchten, können Sie eine Lage dünneres Volumenvlies dazwischen legen.

Jetzt falten Sie die beiden langen Randstreifen zur Hälfte nach hinten auf die Rückseite um und schlagen die Kanten doppelt ein. Stecken Sie diese Säume der ganzen Länge nach gut fest, und steppen Sie die Naht. Ebenso verfahren Sie mit den kurzen Randstreifen. Zur Hälfte falten, doppelten Saum einschlagen und feststecken. Doch bevor Sie die Endnaht steppen können, müssen Sie die Säume der seitlichen Kanten nach innen einschlagen. Jetzt sind auch diese beiden Streifen für die Abschlußnaht vorbereitet, und Sie können sie nähen.

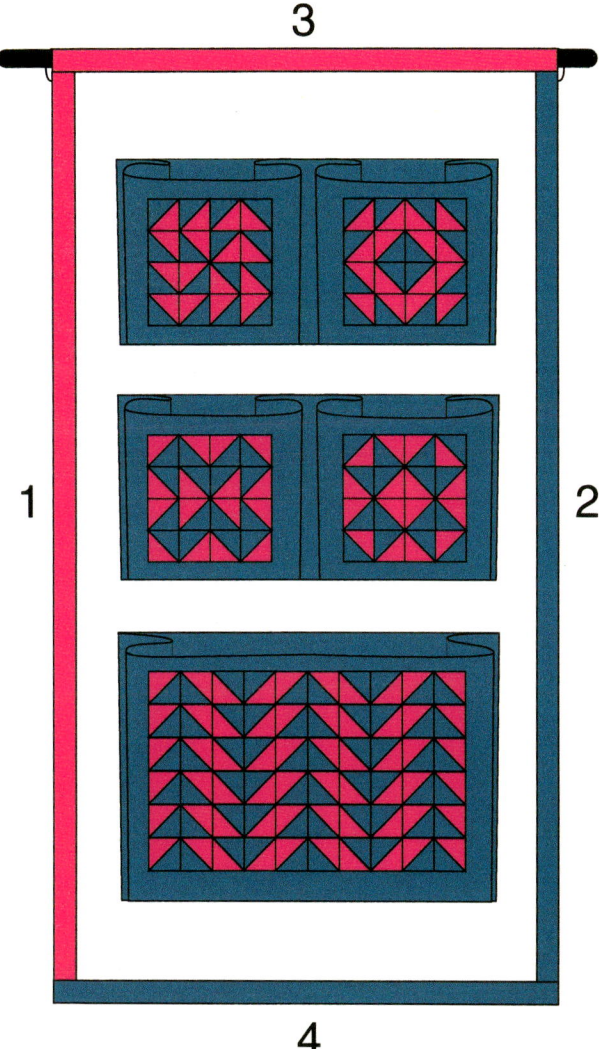

Abb. 15.6

Fertigstellung:
Übrig bleibt das Rechteck für die Aufhängung. Verfahren Sie damit bitte wie am Ende dieses Kapitels beschrieben wird. Abbildung XI gibt Ihnen dazu Hilfestellung.

In der Literatur lassen sich noch unzählig viele brauchbare Vierer-Blöcke finden, die Sie statt der hier ausgewählten nehmen können, oder experimentieren Sie selbst. Unifarbene Stoffe mit Applikationen auf den Taschen ist eine weitere Idee, die Ihnen noch viele Gestaltungsmöglichkeiten offen läßt.

Ebenso können Sie Höhe, Breite und Anzahl der Taschen beliebig und für Ihre individuellen Zwecke variieren.

16. Wandbehang „Dreieck teilt Viereck"

(Fertigmaß 62 x 62 cm)

Zuvor etwas Technik:
Bisher ist Ihnen eine Technik der „diagonal geteilten" Quadrate (siehe: Tischdecke „Four X Star", Kissen „Roman Stripe") vertraut, bei der Sie zwei Stoffstreifen rechts auf rechts
legen, in Quadrate aufteilen, diese diagonal zerschneiden
und im Kettenverfahren an der Längskante der Dreiecke zusammennähen. Bei dieser und allen bisher vorgestellten
Methoden haben die Formen mit ihren geraden Außenkanten immer parallel zum Fadenlauf gelegen. So wird verhindert, daß sich die Stoffe verziehen.
Im Laufe der Zeit wurden immer neue Techniken ent-
wickelt, die das Patchwork einfacher machen sollten. So
wurde die Schere durch den Rollschneider abgelöst, mit
dessen Hilfe man eine große Anzahl Stoffstreifen mit einem
Schnitt schneiden kann. Aber damit nicht genug! Es mußte

noch etwas Zeitsparenderes geben, als Schablonen herzu-
stellen, Stoffe danach zuzuschneiden und zu neuen Forma-
tionen zusammenzusetzen, denn den Patchworkern sagt
man nach, daß sie immer gleichzeitig an drei Werken arbeiten: eines unter der Nähmaschine, eines beim Quilten
und das nächste schon im Entwurf. Vor nicht allzu langer
Zeit wurde dem Wunsch nach Zeitersparnis Rechnung ge-
tragen und die „Schnellnäh-Methode" eingesetzt.
Mit dieser Methode nähen Sie Streifenbahnen in bestimmter
Reihenfolge aneinander, um in einem zweiten Schritt fertige Einheiten (z.B. Bias Square = diagonal geteilte Quadrate)
auszuschneiden.
Dazu benötigen Sie an den Seiten des Quadrates einen geraden (gF) und in der diagonalen einen schrägen Fadenlauf
(sF) (Abb. 16.1). Würde man dieses auf der Spitze stehende
Quadrat mit der Diagonalen parallel zum geraden Fadenlauf schneiden, hätten die Außenkanten des Quadrates ei-

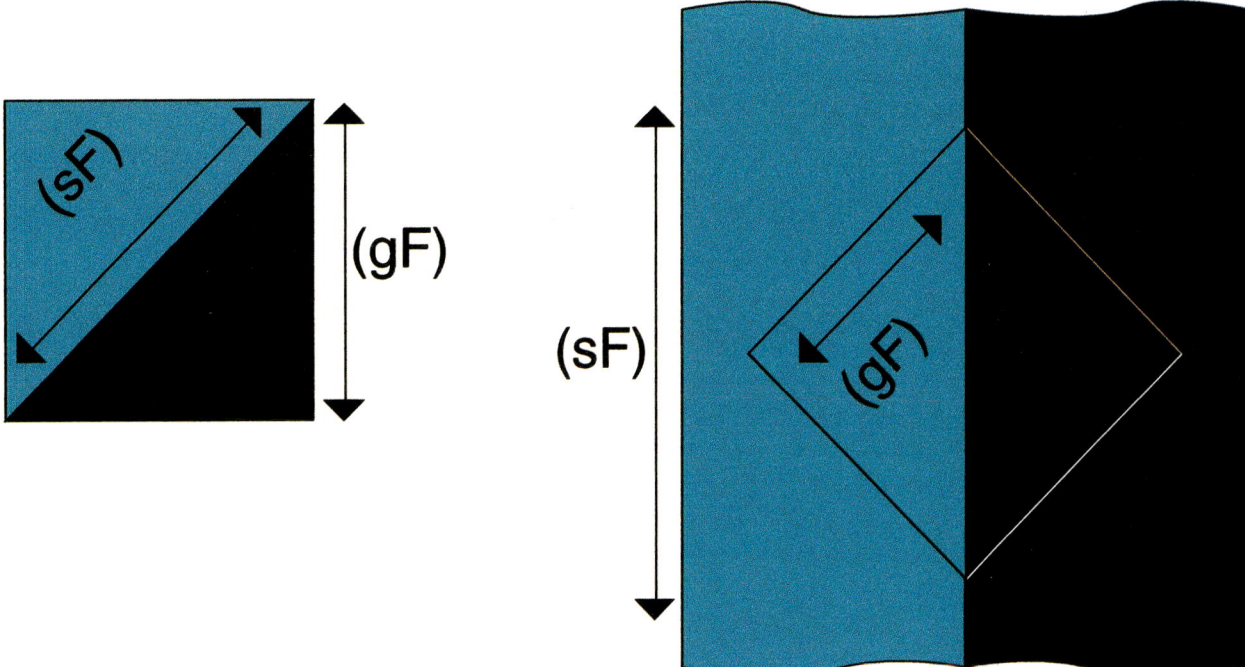

Abb. 16.1

nen schrägen Fadenlauf. Um zu verhindern, daß sich die Teile verziehen, werden die Streifen im schrägen Fadenlauf (sF) geschnitten. Schneidet man nun die auf der Spitze stehenden Quadrate aus, haben Sie die Außenkante parallel zum geraden Fadenlauf (gF). Die „Bias-Square-Technik" beruht daher auf Schrägstreifeneinheiten, aus denen dann die diagonal geteilten Quadrate ausgeschnitten werden (Abb. 16.1).

Wie werden Schrägstreifen geschnitten?

Wie oben beschrieben, verläuft die Diagonale eines mit den Außenkanten parallel zum geraden Fadenlauf geschnittenen Quadrat, im schrägen Fadenlauf.

Nehmen Sie ein großes Stoffquadrat, schneiden es in der Diagonalen durch, und schneiden Sie parallel zu diesem Schnitt aus beiden Dreieckshälften weitere Streifen aus (Abb. 16.2). All diese Streifen verlaufen im schrägen Fadenlauf.

Ist nicht genügend Stoff vorhanden, reicht auch ein rechter Winkel an einer Stoffecke aus. An beiden Schenkeln messen Sie die gleiche Strecke ab und verbinden die Punkte zu einer Diagonalen, entlang der Sie weitere Streifen schneiden können.

Ein Schrägstreifenpaar schneiden Sie mit einer Nahtzugabe von 0,75 cm (füßchenbreit) an je einer der beiden Längsseiten. Nach dem Zusammennähen wird, wie Ihnen bereits bekannt ist, die Nahtzugabe zum dunkleren Stoff hingebügelt.

Abb. 16.3 zeigt Ihnen, wie Sie zwei Schrägstreifen zu einem Streifenpaar oder mehrere Streifenpaare zu einer Mehrfacheinheit zusammenfügen können. Ein Streifenpaar verwenden Sie, wenn Sie wenige Quadrate benötigen. Beim Ausschneiden fallen dabei rechts und links einzelne Dreiecke ab, die Sie entweder in der späteren Randgestal-

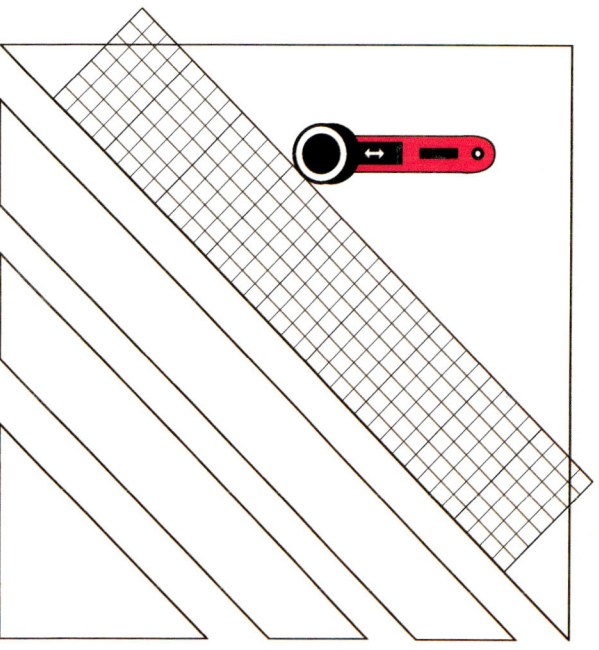

Abb. 16.2

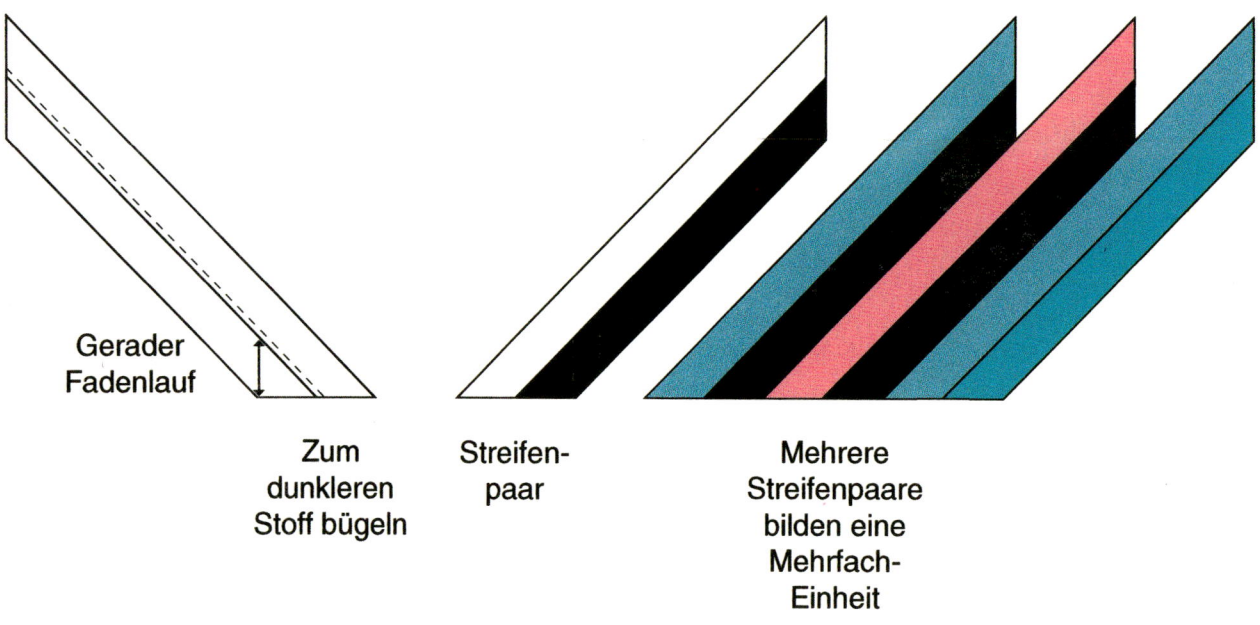

Gerader Fadenlauf

Zum dunkleren Stoff bügeln

Streifen-paar

Mehrere Streifenpaare bilden eine Mehrfach-Einheit

Abb. 16.3

tung nutzen können oder die in der Restekiste auf ihre neue Bestimmung warten müssen.

Die Mehrfacheinheiten sind stoffsparender, da nicht so viele einzelne Dreiecke abfallen. Beim Herstellen dieser Mehrfacheinheiten müssen Sie berücksichtigen, an welche Streifenkante eine andere angefügt wird und diese zusätzlich mit einer Nahtzugabe von 0,75 cm versehen.

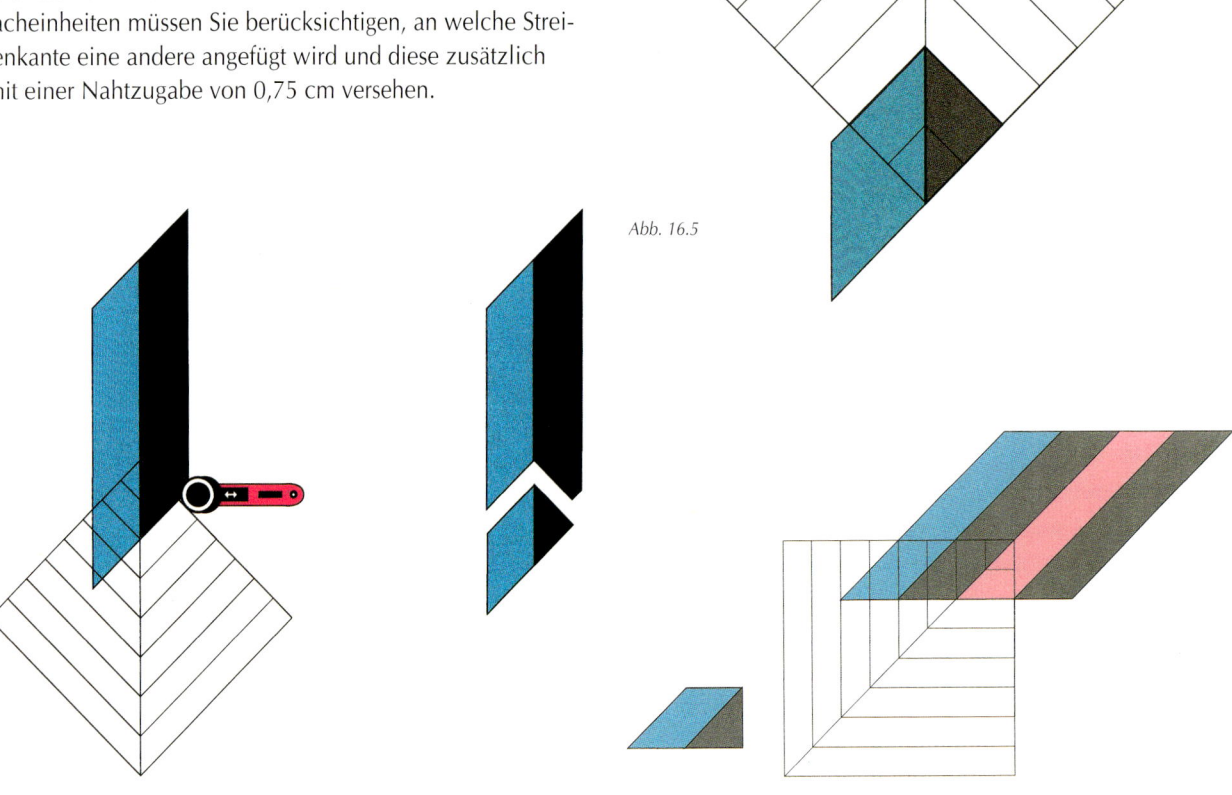

Abb. 16.5

Abb. 16.4

Abb. 16.6

Was wird benötigt?
– fünf Baumwollstoffe,
– dünnes Vlies,
– „Bias-Square"-Lineal,
– Rollschneider.

Zuschneiden: (Angaben beinhalten Nahtzugabe!)
– einen Streifen von 6,5 cm Breite und 52 cm Länge; schneiden Sie diesen Streifen in acht Quadrate mit einer Kantenlänge von 6,5 cm (vier für die Ecken des Tops und vier für die Ecken der Randstreifen),
– für die Randstreifen acht Streifen aus schwarzem Stoff à 21,5 x 6,5 cm,
– für die Abschlußstreifen wählen Sie die Kontrastfarben und schneiden Streifen in Toplänge und 2,5 cm Breite,
– für die Rückseite ein Stoffquadrat passender Farbe von 63,5 x 63,5 cm,
– ein Quadrat aus dünnem Vlies in der Größe der Rückseite,
– die restlichen Stoffe in Schrägstreifen von 6 cm bei Mehrfacheinheiten oder (aufgerundet) 5,5 cm bei Streifenpaaren.

Schrägstreifen-Berechnung:
– die fertigen Bias-Quadrate für den nachfolgenden Quilt haben ein genähtes Fertigmaß von 5 cm Seitenlänge.
Mit Nahtzugabe hat das in zwei Dreiecke geteilte Quadrat eine Seitenlänge von 6,5 cm. Die Höhe jedes der beiden Dreiecke beträgt 4,5 cm.
Addieren Sie nun eine beidseitige Nahtzugabe (2 x 0,75), müssen Sie die Schrägstreifen in einer Breite von 6,0 cm zuschneiden.
Die beiden äußeren Schrägstreifen an dieser Mehrfacheinheit erhalten je nur eine Nahtzugabe von 0,75 cm.
Eine Länge der Schrägstreifen von ca. 50 cm ergibt eine handliche, brauchbare Größe einer Mehrfacheinheit. Reicht der Streifen für Ihre Arbeit nicht aus, nähen Sie lieber eine zweite Einheit, als daß Sie mit längeren Streifen arbeiten!

Merke:
1. Höhe in einem der das Bias-Quadrat teilenden Dreiecke + 0,75 cm Nahtzugabe = Schrägstreifenbreite für ein Streifenpaar.

2. Höhe des Dreiecks + 1,5 cm Nahtzugabe = Schrägstreifenbreite für eine Mehrfacheinheit.
Dabei die Nahtzugabe von 0,75 cm der äußeren beiden Streifen abschneiden.

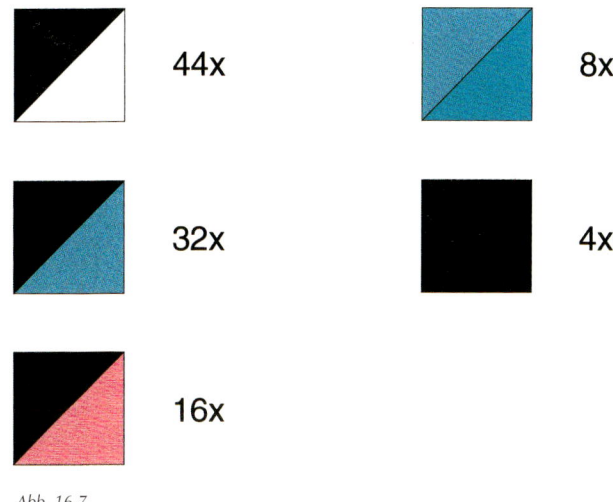

Abb. 16.7

So wird's gemacht:
Nähen Sie nun die zurechtgeschnittenen Schrägstreifen zusammen. Die Farbfolge entnehmen Sie bitte der Abbildung 16.3.
Haben Sie die Mehrfacheinheiten genäht, werden mit Hilfe des Lineals „Bias-Square" die Quadrate ausgeschnitten.
Auf diesem Speziallineal sind verschiedene Linien eingezeichnet:
einerseits eine Diagonale und andererseits Linien im rechten Winkel mit einem Abstand von 0,25 cm. Mit dieser Einteilung können Sie beinahe jede beliebige Quadratgröße aus den Stoffstreifen ausschneiden.
Beginnen Sie am unteren linken Ende der Streifeneinheit, und legen Sie Ihr Lineal mit der Mittellinie auf eine Naht zwischen zwei Streifen. Anschließend schneiden Sie mit dem Rollschneider an den Kanten entlang (Abb. 16.4).
Die ausgeschnittene Form ist noch kein fertiges Quadrat. Daher müssen Sie das „Bias-Square" erneut auf die Mittelnaht legen und die überstehende Ecke abschneiden (Abb. 16.5).
Sie können das Lineal nun beliebig auf der Mehrfacheinheit weiter schieben und alle benötigten Quadrate ausschneiden (Abb. 16.6).
Die genaue Anzahl all Ihrer Quadrate entnehmen Sie der Abbildung 16.7.
Die Patchworkoberseite besteht aus vier gleichen Teilen, die nur spiegelbildlich zusammengesetzt sind. Legen Sie die senkrechten Reihen eines Viertels auf den Tisch und nähen nach Abb. 16.8 zuerst die Reihen zu einem Viertel. Dabei werden die Teile stets rechts auf rechts gelegt und füßchenbreit (d.h. mit Nahtzugabe 0,75 cm) aneinander

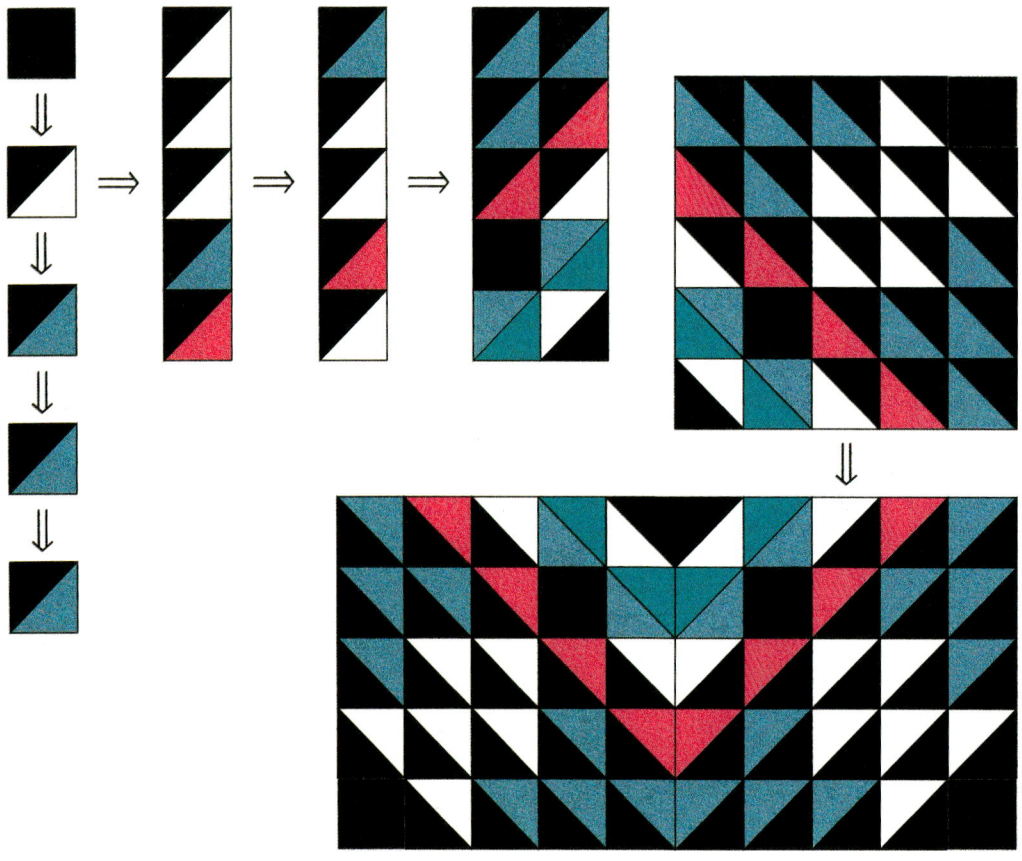

Abb. 16.8

genäht. Zwei Viertel legen Sie rechts auf rechts und nähen diese zu einer Hälfte, zwei Hälften zu einem Ganzen zusammen.

Dieser Quilt hat eine besondere Randgestaltung vorzuweisen, denn das Muster zieht sich in den Rand hinein fort. Daher nähen Sie zwei Randstreifen wie folgt:

ein schwarzes Quadrat – ein zugeschnittenes Randstreifenstück – zwei Bias-Quadrate – wieder ein Randstreifenstück – und ein schwarzes Quadrat.

Die beiden fehlenden Randstreifen nähen Sie in gleicher Weise, jedoch ohne die beiden Randquadrate.

So erhalten Sie zwei lange und zwei kurze Randstreifen.

Fügen Sie die beiden kurzen Randstreifen an die rechte und linke Seite und die beiden langen Randstreifen im Anschluß daran an die obere und untere Kante des Tops (Abb. 16.9).

Einen Blinkrand können Sie je nach Belieben in den Farben Ihrer Wahl anfügen, um den Quilt abschließend einfassen zu können.

Fertigstellung:

Im Anschluß an dieses Kapitel finden Sie die Arbeitsschritte, die jetzt vonnöten sind, um Ihr Werk zu vollenden.

Quilten:

Quilten Sie in den Nähten, und führen Sie die Quiltnähte nach Belieben am Rand weiter.

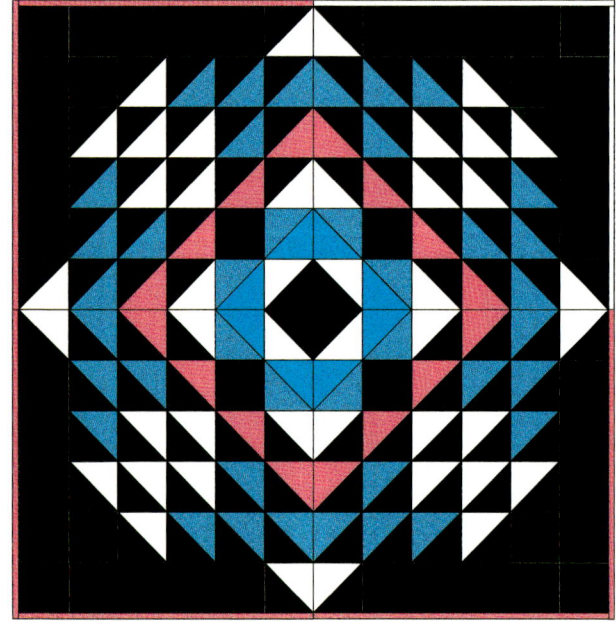

Abb. 16.9

Einfassung und Aufhängung eines Quilts

Wie wird der Quilt eingefaßt?

Das Einfassen der Kanten ist zwar der letzte Arbeitsgang bei der Herstellung von Quilts o.ä., trägt jedoch ganz entscheidend zum Gesamteindruck bei und darf nicht vernachlässigt werden. Daher sollten Sie bereits bei der Stoffauswahl zu einem neuen Werk Ihre Randgestaltung in Farbe und Form fest einplanen, damit eine Einheit entsteht.

Die Randstreifen können entweder in einer Farbe des Quilts oder einer Kontrastfarbe ausgewählt werden und allein oder in Streifenkombinationen angefügt werden. An den Ecken läßt man sie entweder gerade, schräg oder mit zusätzlichen Eckquadraten zusammenlaufen. Müssen Sie den Randstreifen anstückeln, orientieren Sie sich an dem Patchworkmuster des Tops und legen die Nähte in die Verlängerung dort bereits bestehender Nähte.

Der letzte Randstreifen wird, soll er 10 cm betragen, wie folgt berechnet und zugeschnitten: 1 cm Nahtzugabe, mit der der Streifen auf dem Patchworktop angenäht wird – 10 cm Randstreifen (auf der Topseite sichtbar) - 10 cm (auf der Rückseite sichtbar) – 2 cm doppelt eingeschlagene Nahtzugabe auf der Rückseite = 23 cm Randstreifen.

Das erste Streifenpapier wird rechts und links des Tops, das zweite Paar an den oberen und unteren Rand angefügt. Dazu werden die Streifen rechts auf rechts auf die Quiltoberfläche gelegt, füßchenbreit angenäht und zum Bügeln aufgeklappt. Jetzt legen Sie die Lagen Rückseite – Volumenvlies – Patchworkoberseite aufeinander und heften mit großen Reihstichen alle drei Teile zusammen. Wenden Sie die so vorbereitete Arbeit, so daß die Rückseite oben liegt. Schneiden Sie das Vlies und die Rückseite auf die Breite des endgültigen Randstreifens zurück. Sie haben jetzt einen Stoffüberschuß von 12 cm auf der Topseite, dessen Kante Sie 1 cm doppelt einschlagen, auf die Rückseite umlegen und mit kleinen Überwendlingsstichen dort befestigen oder mit der Maschine rundherum steppen, so daß die Saumkante des Randstreifens gut erfaßt und alle drei Lagen miteinander verbunden werden.

Wie wird der Quilt aufgehängt?

Sie nehmen einen Streifen von 20 cm Breite und der Länge des Quilts. Steppen Sie an den beiden Breitseiten die Kanten 1 cm doppelt um, damit sie versäubert sind. Legen Sie das so vorbereitete Rechteck auf die Hälfte rechts auf rechts zusammen und nähen entlang der Längskante eine Naht. Wenden Sie den Tunnel auf die rechte Seite und bügeln ihn glatt. Nähen Sie jetzt den Tunnel auf die Rückseite des oberen Quiltrandes, jedoch ohne daß die Stiche auf der Topseite zu sehen sind (Abb. XI).

Abb. XI

Nun können Sie eine Stange durch den Tunnel ziehen und an der Wand befestigen.

Bei großen, schweren Quilts müssen Sie die Tunnelbreite vergrößern, damit eine entsprechend kräftige Stange durchgezogen werden kann. Es ist in diesem Falle auch ratsam, den Tunnel zu teilen, damit die Stange an der Wand zusätzlich in der Mitte befestigt werden kann.

Und da war dann noch ...
... die Signatur und das Datum der Fertigstellung:

Quilts sind von jeher erzählende Geschichte gewesen und wer von Ihnen vielleicht einen antiken Quilt besitzt, freut sich sicherlich erzählen zu können, von wann und von wem er stammt. Daher ist es durchaus üblich, daß man nach getaner Arbeit sein Werk mit seinen Initialen bestickt und mit Datum versieht. Sollte der Quilt einmal weitergegeben werden, kann der zukünftige Besitzer das Werk besser einordnen und wertschätzen.

Wie Sie schon erfahren haben, tragen viele Muster einen Namen, der ein Stück Zeitgeist oder persönliche Erlebnisse widerspiegelt. Auch heute noch geben die Patchworkerinnen ihren Werken Namen, die sich entweder auf den Quilt selbst beziehen oder etwas über seine Entstehung aussagen. So bilden sich Namen von Quilts heraus, wie bsw. „Toscana", „Alptraum", „Trotzdem scheint die Sonne", „Kaufrausch", „Ein Samstag Nachmittag" (der Quilt entstand an diesem Nachmittag), „Sterne für Mutter" (der Quilt ist bsw. aus alten Oberhemden des Vaters der Quilterin gearbeitet), „Frühling" oder „Wintermärchen", die die Beziehung zwischen Stoffauswahl (Reste geliebter Kleidungsstücke, Großmutters Spitzen etc.), Farben, Ereignisse und der Quilterin herstellen. Der Phantasie sind dabei keine Grenzen gesetzt.

Lassen Sie Ihren Quilt eine Geschichte erzählen!

Weihnachtliches aus Patchwork

Ein Geschenk wird erst durch seine Verpackung vollendet. Und was liegt näher als für kleine Geschenke Stoffbeutelchen zu nähen. Das erfreut die Umwelt und Sie haben zu jedem Anlaß das entsprechende Mitbringsel. Ein kleiner Beutel, auf dem bspw. das „Dresden Plate" appliziert ist, mit Samentütchen gefüllt, erfreut jeden Hobbygärtner.

Größere Beutel mit applizierten Initialen werden zu unverwechselbaren Schuhbeuteln in Schule und Sport. Natürlich lassen sich auch traditionelle Patchworkmuster ganz oder als Bordüre in die Beutel einarbeiten. Um zum Weihnachtsfest Kleinigkeiten verstecken zu können, zeige ich Ihnen hier eine einfache Möglichkeit.

17. Weihnachtsbeutel mit Bordüre

(Fertigmaß 28 x 23 cm)

Was wird benötigt?
– Stoff mit kleinen Weihnachtsmotiven in Rot, Weiß und Grün,
– Satinband oder gedrehte Kordel passender Farbe zum Zuziehen des Beutels,
– für die Fensterschablone: Pappe, Lineal, Bleistift und Schere.

Zuschneiden: (Angaben beinhalten Nahtzugaben!)
– roter Weihnachtsstoff für den Beutel: 24,5 x 51 cm,
– grüner Weihnachtsstoff für die Bordüre: zwei Streifen 24,5 x 3 cm, einen Streifen 11,5 x 4,5 cm,
– weißer Weihnachtsstoff für die Bordürenränder: zwei Streifen à 24,5 x 3,5 cm,
– Stoff mit Motiven für die Bordüre,
– zwei Bänder à 65 cm Länge.

Aus der Pappe schneiden Sie sich eine sogenannte „Fensterschablone" mit einem Innenquadratmaß von 3 cm aus (Abb. 17.1), mit deren Hilfe Sie die kleinen Motive Ihres Stoffes gut einrahmen und ausschneiden können. Den Rahmen dieser Schablone wählen Sie in der Breite Ihrer Naht-

zugabe, in diesem Fall 0,75 cm. Sie hat jetzt die Maße 4,5 x 4,5 cm. Schneiden Sie die Ecken sauber aus dem Karton und achten Sie darauf, daß alle Seiten gerade sind. Ist die Schablone genau zugeschnitten, gelingt auch Ihr Werk mit absoluter Genauigkeit.

So wird's gemacht:
Legen Sie die Fensterschablone viermal auf den Stoff, und schneiden Sie vier Quadrate mit einem kleinen weihnachtlichen Motiv aus.
Den grünen 4,5 cm breiten Streifen zerschneiden Sie in zwei 5 cm und drei 3 cm breite Stücke. Die grünen Stoffe und die roten Motivteile nähen Sie abwechselnd rechts auf rechts aneinander. Beginnen und enden Sie mit dem 5 cm breiten grünen Stück, und verfahren Sie wie in Abbildung 17.2 gezeigt wird. Im Anschluß legen Sie die grünen, 3 cm breiten Streifen rechts auf rechts auf das bisher Genähte, steppen füßchenbreit eine Längsnaht, klappen den Streifen auf und bügeln ihn. Verfahren Sie mit den weißen Streifen nach demselben Schema (Abb. 17.3). Fertig ist Ihre Bordüre, die Sie jetzt in den Stoffbeutel einsetzen können.
Schneiden Sie den Streifen für den Beutel nach 32 cm einmal quer durch, fügen die Bordüre ein, und nähen Sie den zweiten Teil des Beutelstreifens wieder an. Schlagen Sie die

Abb. 17.1

5x ▮ 4x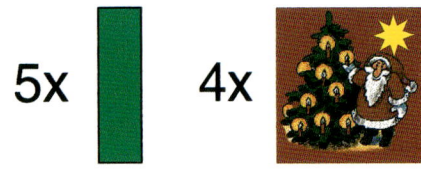

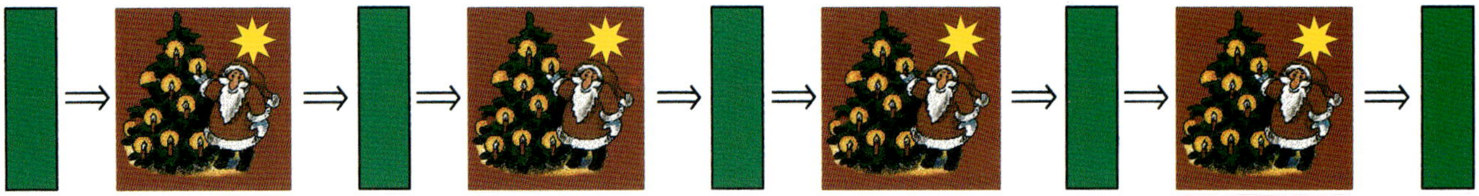

Abb. 17.2

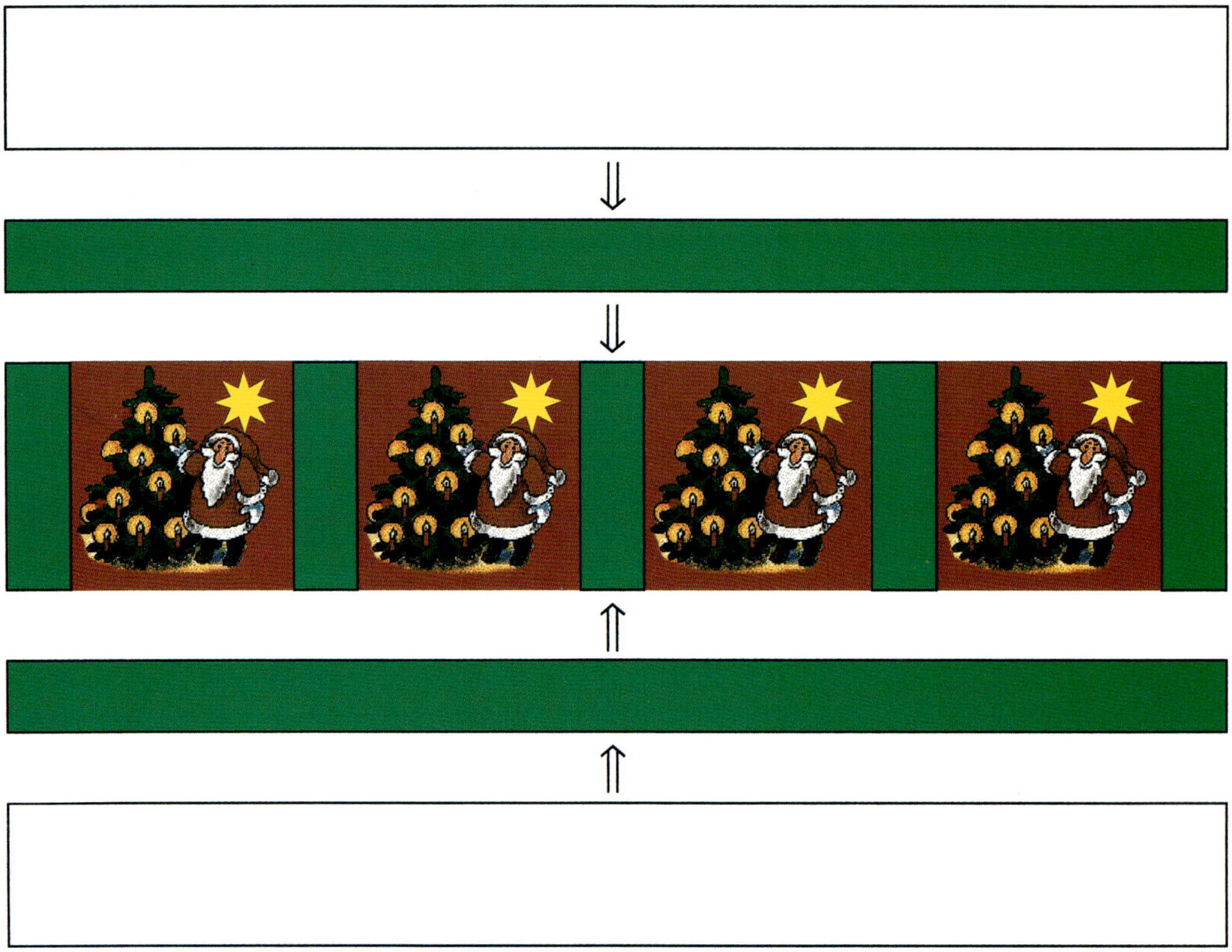

⇓

⇑

⇑

Abb. 17.3

beiden Kanten 1 cm doppelt ein, und steppen Sie die Naht knappkantig fest, so daß die Seiten versäubert sind.

Falten Sie den so vorbereiteten Streifen rechts auf rechts zur Hälfte zusammen, und bügeln Sie die Faltkante. Nähen Sie den Beutel bis zu einer Länge von 24 cm zu. Vernähen Sie die Naht mit „Vor- und Zurückstichen". Bügeln Sie die Nahtzugabe über die gesamte Beutellänge zu beiden Seiten hin. Die verbleibenden, nicht genähten 8 cm falten Sie zur Hälfte zu beiden Seiten nach links um, bis an den Punkt

des genähten Saums und bügeln die Faltkante. Nähen Sie jeden der beiden Umschläge an der offenen Kante an jeder Seite knappkantig fest. Im Abstand von ca. 1,5 – 2 cm steppen Sie auf beiden Beutelseiten eine zweite Naht darüber.

Fertigstellung:

Wenden Sie Ihren Beutel nach rechts, bügeln Sie beide Seiten, und ziehen Sie das Satinband zum Zuziehen durch.

18. Weihnachtsstern Log-Cabin

Verschnittechnik im Log-Cabin-Muster

An einem bereits bekannten Muster, dem Log-Cabin-Muster, möchte ich Ihnen nun eine neue Technik vorstellen. Dabei werden Formen genäht, die für das endgültige Muster ein- oder mehrmals durchgeschnitten und in neuer Formation zusammengesetzt werden.

Die Log-Cabin-Technik, bei der Streifen um ein zentrales Quadrat angeordnet werden (vgl. Lavendelkissen, Abb. 4 ff), kann – wie bereits erwähnt – auch in anderen Formen angewendet werden.

Hier ist die Grundform eine Raute.

Was wird benötigt?

– drei Baumwollstoffe, die entweder unifarben oder mit ganz kleinen Weihnachtsmotiven gemustert sein sollten, damit sie nach dem Verschneiden nichts von ihrer Wirkung einbüßen,

– Rasterquick mit einer gleichseitigen Dreieckseinteilung (60°-Winkel).

Zuschneiden:

– aus dem 60°-Rastervlies werden nach Vorlage (Abb. 18.1) drei Rauten mit einer Kantenlänge von 18 cm = 9 Dreiecke plus Nahtzugabe = 1/2 Dreieck ausgeschnitten. Abb. 18.1 zeigt alle Linien und Symbole, die auf die bedruckte Seite der Vliesraute übertragen werden müssen,

– die Stoffe werden in Streifen von 4 cm Breite plus Nahtzugabe geschnitten,

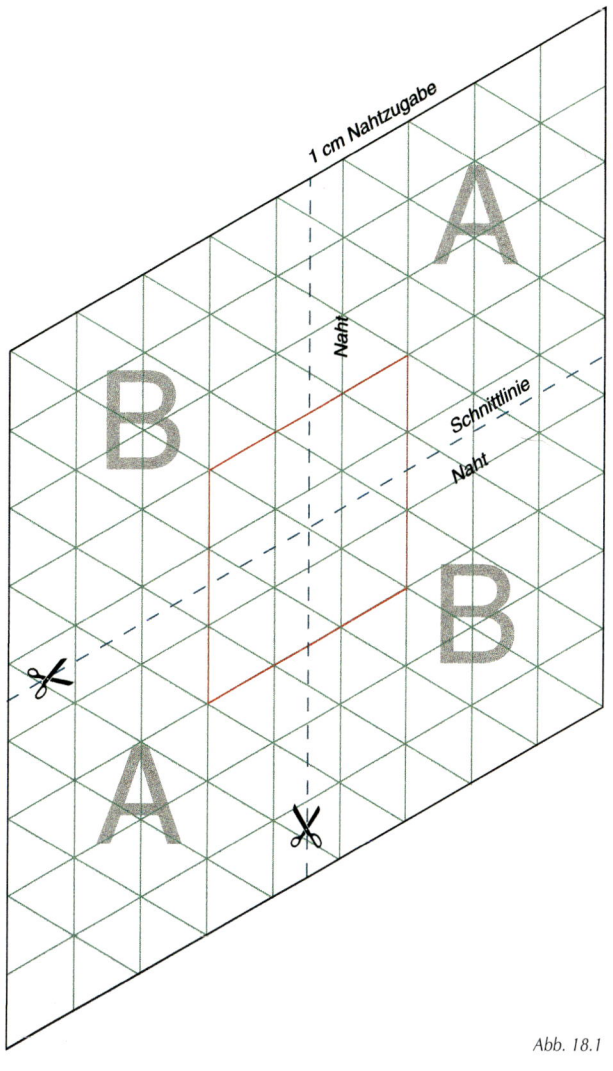

Abb. 18.1

– drei Rauten für die Mittelpunkte mit einer Kantenlänge
  von 6 cm = drei Dreiecke plus
  Nahtzugabe aus einem der drei Stoffe zuschneiden,
– Rückseitenstoff 25 x 25 cm.

So wird's gemacht:
Man legt die Mittelpunktsraute von Stoff 1 (in Abb. 18.2 =
grün) mit der rechten Seite nach oben auf die unbedruckte
Seite des Rastervlies und steckt sie fest. Der erste Streifen
von Stoff 2 (weiß) wird nun an eine Seite der Raute rechts

auf rechts gesteckt, und zwar so, daß reichlich Stoff an beiden Enden hervorragt.
Merke: Die Länge der Streifen muß stets so gewählt werden, daß sie um ein Dreieck rechts und links über die Rautenspitze der Vorreihe hinausragt.
Nun wird das Vlies umgedreht, die bedruckte Seite liegt
jetzt oben, und entlang der roten Linie genäht. Bitte auch
an dieser Stelle zwei Stiche vor und nach der roten Linie
nähen. Erneut das Vlies umdrehen, den Streifen aufklappen
und umbügeln. Der Streifen wird nun schräg abgeschnitten,

damit die Rautenform fortgeführt wird. Der zweite Streifen wird so rechts auf rechts aufgelegt, daß er sich auch über die Breite des ersten Streifens erstreckt. Das Vlies wenden, Streifen annähen, Vlies wieder wenden, Streifen aufklappen und umbügeln, Streifen mit einem Zusatzdreieck in Rautenform abschneiden. Die übrigen Streifen werden in gleicher Weise im Uhrzeigersinn angenäht, bis die Raute vollständig, wie in Abb. 18.2, mit den Streifen bedeckt ist.

Merke: Ab der zweiten Runde müssen die Streifen um zwei Dreiecke über die Vornaht hinausragen, um sicherzustellen, daß nach dem Umklappen des Streifens dieser die Rautenspitze vollständig abdeckt.
Es sind immer vier Streifen einer Farbe in einer Runde. Die Farbe der zweiten oder dritten Runde kann die Farbe der Mittelraute ruhig wieder aufnehmen. Alle drei Vliesrauten werden gleich gearbeitet, denn auch die Reihenfolge der Stoffe darf, ist sie einmal festgelegt, nicht wieder geändert werden. Jede Naht sollte gut umgebügelt sein, bevor man den nächsten Streifen annäht.
Die fertiggestellten Log-Cabin-Rauten werden jetzt entlang der auf dem Vlies eingezeichneten Schnittlinien (siehe Abb. 18.1) in vier Teile geschnitten. Jede Raute besteht aus zwei

A-Teilen und zwei B-Teilen. Folgerichtig erhält man sechs A-Teile und sechs B-Teile, die wie in Abb. 18.2 angeordnet werden müssen, d.h. alle A-Teile bilden das Innere und alle B-Teile das Äußere des Sternendeckchens (Abb. 18.3).
Im nächsten Arbeitsgang werden die A-Teile miteinander verbunden.
Man näht zweimal drei A-Teile, d.h. A.1 + A.2 + A.3 und A.4 + A.5 + A.6, rechts auf rechts zu Sternhälften zusammen und bügelt die Nähte jeweils gut aus. Die so gewonnenen Hälften legt man wieder rechts auf rechts und fügt sie mittels einer Naht zusammen. Auch hier das Bügeln nicht vergessen!
Die B-Teile werden in einem zweiten Schritt angenäht. Die Abb. 18.3 verdeutlicht nicht nur die Reihenfolge, sondern zeigt auch das Einpassen der B-Teile.
Begonnen wird mit der Seite „a1 - s" der Raute B.1. Diese steckt man rechts auf rechts laut Vorlage an A.1 und näht auf der bedruckten Vliesseite die Naht „a". Ist man am Punkt „s" angekommen, hebt man den Fuß an der Nähmaschine und legt die Seite „s - a2" rechts auf rechts an A.2, steckt fest und näht wieder auf der bedruckten Seite die Naht „b". Alle restlichen B-Teile werden genauso eingepaßt, bis das Deckchen fertig ist.

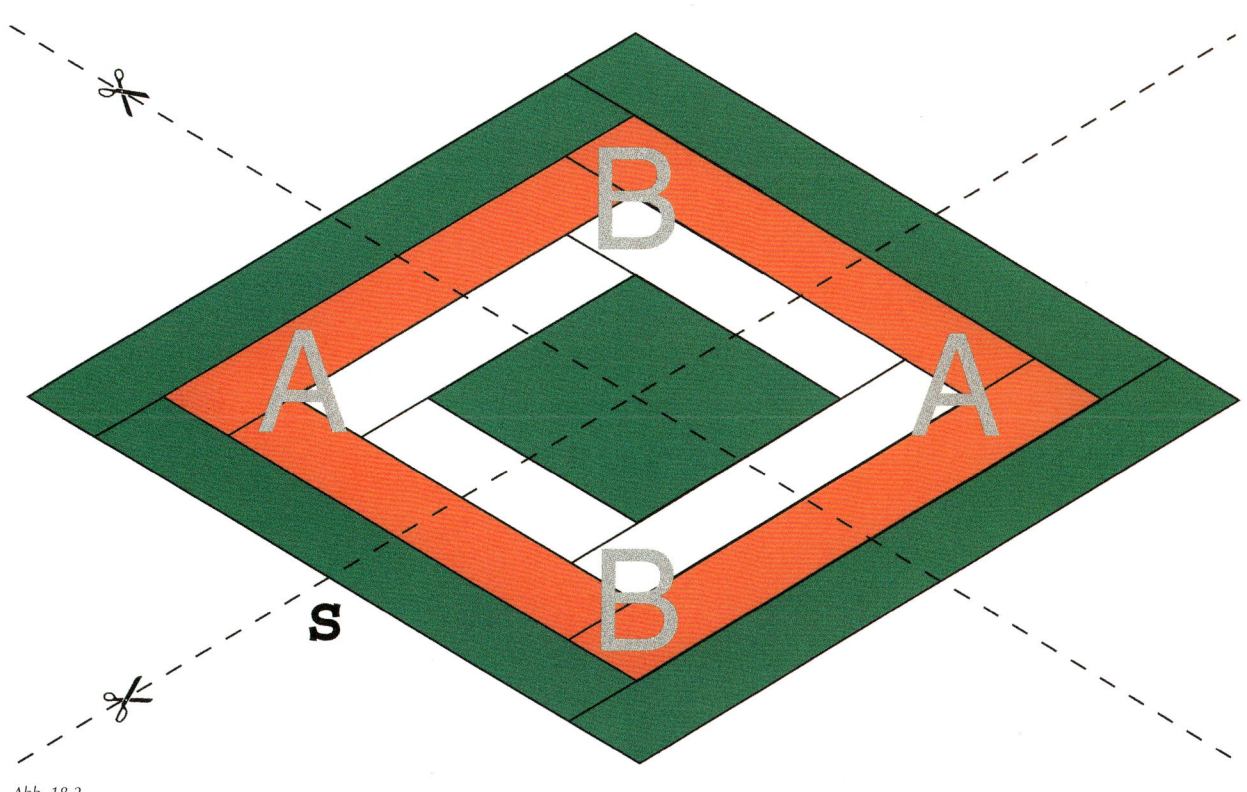

Abb. 18.2

Fertigstellung:

Aus dem zugeschnittenen Stoff für die Rückseite entsprechend der Form des Sternendeckchens ein Sechseck plus Nahtzugabe zuschneiden. Das Top wird rechts auf rechts auf den Rückseitenstoff gelegt und festgesteckt. Die Öffnung zum Wenden wird an einer Seite markiert und an den übrigen fünf Seiten wird füßchenbreit entlanggenäht. Zum Anfang und zum Ende der Naht sollten zwei Stiche vor und zurück als Vernähstiche genäht werden. Das Deckchen wird gewendet, die Ecken gut herausgearbeitet, der Saum der Öffnung nach innen gelegt und an allen sechs Seiten knappkantig abgesteppt, wobei sich auch die Wendeöffnung schließt.

Natürlich kann man auf die Abstepprunde verzichten, wenn man die Öffnung per Hand zunäht!

Tip: *Die Endgröße läßt sich durch eine zusätzliche Umrandung von einem oder mehreren Randstreifen variieren. Damit sich der Rand in seiner Festigkeit nicht von dem übrigen Stern unterscheidet, sollten die Stoffstreifen auch mit Rastervlies unterlegt werden. Die Reihenfolge ist analog der Log-Cabin-Technik: man beginnt an einer Seite und näht im Uhrzeigersinn bis die Runde vollständig ist. Die Größe des Stoffes für die Rückseite muß dann selbstverständlich der Oberseite angepaßt werden.*

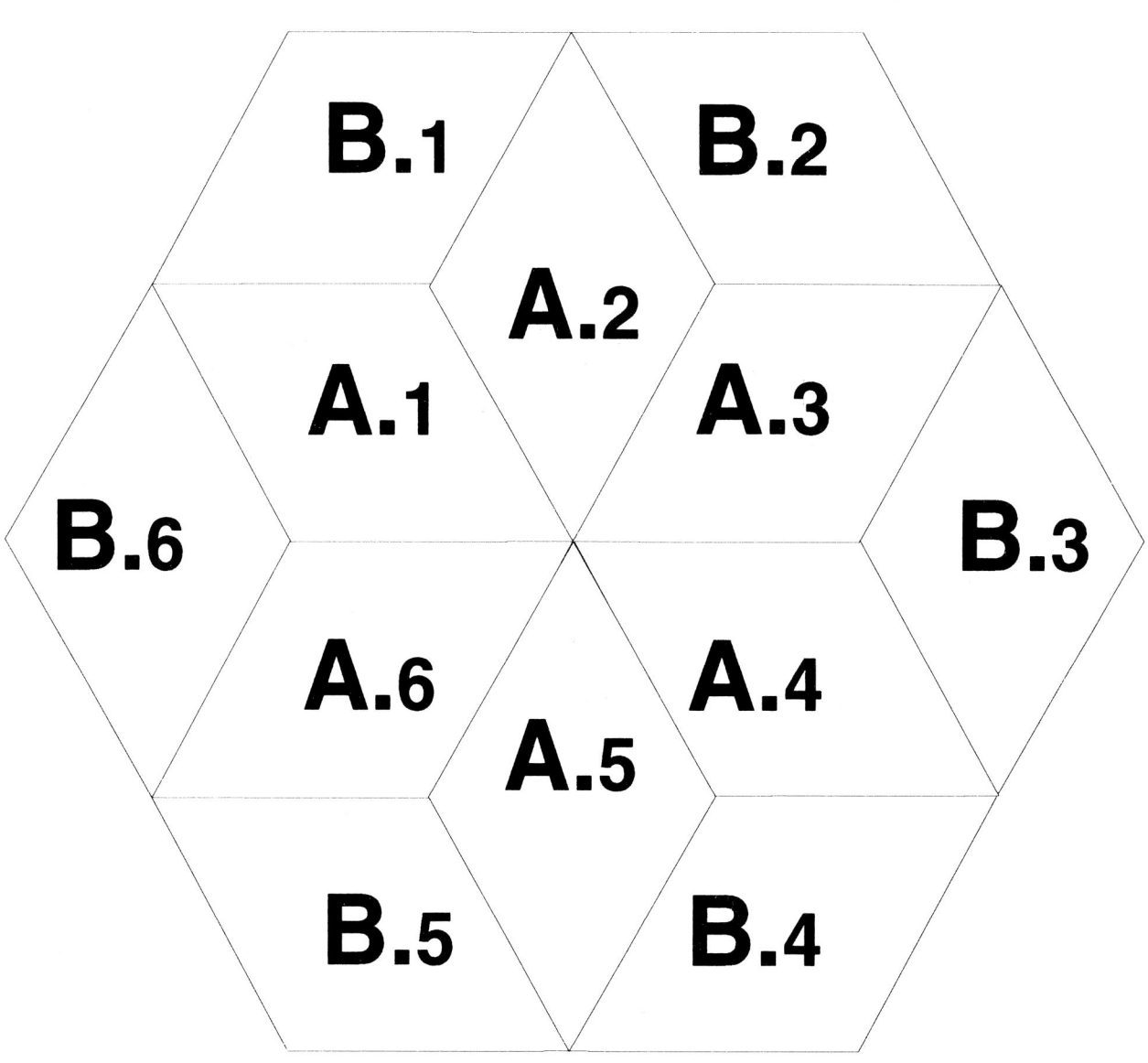

Abb. 18.3

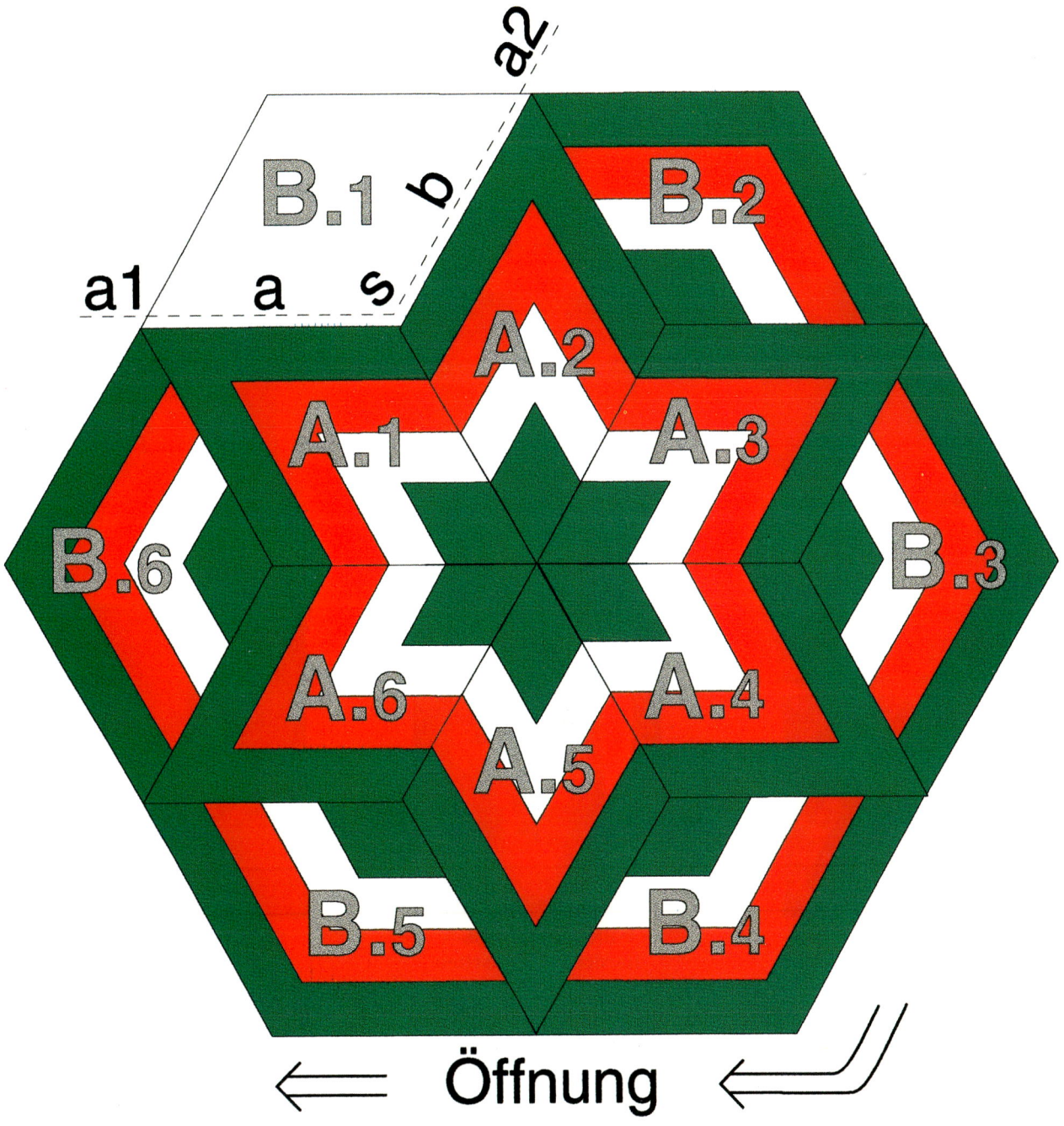

Abb. 18.4